Gestión Del Tiempo

10 Reglas Fáciles Y Potentes Para La Productividad

(Como Ser El Amo De Su Tiempo)

Kristian Curiel

Publicado Por Daniel Heath

© **Kristian Curiel**

Todos los derechos reservados

Gestión Del Tiempo: 10 Reglas Fáciles Y Potentes Para La Productividad (Como Ser El Amo De Su Tiempo)

ISBN 978-1-989853-95-5

Este documento está orientado a proporcionar información exacta y confiable con respecto al tema y asunto que trata. La publicación se vende con la idea de que el editor no esté obligado a prestar contabilidad, permitida oficialmente, u otros servicios cualificados. Si se necesita asesoramiento, legal o profesional, debería solicitar a una persona con experiencia en la profesión.

Desde una Declaración de Principios aceptada y aprobada tanto por un comité de la American Bar Association (el Colegio de Abogados de Estados Unidos) como por un comité de editores y asociaciones.

No se permite la reproducción, duplicado o transmisión de cualquier parte de este documento en cualquier medio electrónico o formato impreso. Se prohíbe de forma estricta la grabación de esta publicación así como tampoco se permite cualquier almacenamiento de este documento sin permiso escrito del editor. Todos los derechos reservados.

Se establece que la información que contiene este documento es veraz y coherente, ya que cualquier responsabilidad, en términos de falta de atención o de otro tipo, por el uso o abuso de cualquier política, proceso o dirección contenida en este documento será responsabilidad exclusiva y absoluta del lector receptor. Bajo ninguna circunstancia se hará responsable o culpable de forma legal al editor por cualquier reparación, daños o pérdida monetaria debido a la información aquí contenida, ya sea de forma directa o indirectamente.

Los respectivos autores son propietarios de todos los derechos de autor que no están en posesión del editor.

La información aquí contenida se ofrece únicamente con fines informativos y, como tal, es universal. La presentación de la información se realiza sin contrato ni ningún tipo de garantía.

Las marcas registradas utilizadas son sin ningún tipo de consentimiento y la publicación de la marca registrada es sin el permiso o respaldo del propietario de esta. Todas las marcas registradas y demás marcas incluidas en este libro son solo para fines de aclaración y son propiedad de los mismos propietarios, no están afiliadas a este documento.

Tabla de contenido

Parte 1 1

Introducción 2

Paso 1: ¿Qué Es La Gestión Del Tiempo? 4

Paso 2: Poner En Orden Sus Prioridades 11

Consejo #1 –Escriba Las Cosas Que Son Las Más Importantes Para Usted 12

Consejo #2 –Escriba Las Cosas Urgentes Que Usted Hace Cada Día 13

Consejo #3 – Escriba El Embrollo De Las Cosas Que No Son Ni Urgentes Ni Importantes 13

Consejo #4 –Programar Una Semana De Prueba De La Correcta Gestión Del Tiempo. 14

Consejo #5 –Practique La Paciencia. 15

Paso 3: Establecer Plazos Basados En Sus Prioridades 16

Error #1 – Hace Sus Plazos Demasiado Difíciles 17

Error #2 – Sus Fechas Límite Son A Largo Plazo En Lugar De A Corto Plazo 18

Error #3 – No Escribe Sus Plazos 19

Error #4 – No Practica La Paciencia 19

Error #5 – No Es Capaz De Planificar Las Cosas Antes De Establecerplazos 21

Paso 4: Crear Un Ambiente Donde Pueda Administrar Su Tiempo Sabiamente 22

El Momento Del Día 23

Privado Vs. Público 24

Paso 5: Eliminar Distracciones 27

Distracción #1: Telefonos Celulares/Smartphones 27

Distraccion #2: Juegos De Computadora/Programas/Internet. 28

Distracción #3: Ruido 29

Distracción #4: Desorden 30

Distracción #5: El Reloj 32

Paso 6: Conocer La Diferencia Entre Ser Proactivo Y Reactivo 33

Situación #1: Se Siente Molesto 35

Situación #2: Se Siente Presionado 36

Situación 3#: Se Siente Nervioso. 39

Situación#4: Siente Miedo. 41

Situación #5: Se Siente Confundido 44

Paso 7: Organizar Su Semana 46

Consejo #1: Aparte Tiempo Para Amigos Y Familia 47

Consejo #2: Crear Un Nuevo Horario Cada Noche De Domingo 48

Consejo #3: Siempre Incluya Lo Que Es Urgente En Su Horario 49

Consejo #4: Aparte Tiempo Para Las Cosas Importantes Pero No Urgentes. 49

Consejo #5: Incluya Tiempo De Descanso 50

Paso 8: La Importancia De Tomar Descansos 52

Los Descansos Aumentan Su Productividad 54

Los Descansos Lo Hacen Más Creativo. 56

Los Descansos Son Buenos Parasu Salud Física. 56

Los Descansos Le Ofrecen La Oportunidad De Hacer Algo Estimulante 58

Los Descansos Le Ofrecen Un Cambio De Escenario. 58

Paso 9: Revisar Su Progreso Al Final De Cada Día 60

Los Números 60

Su Lista 60

Registre Su Progreso 61

Haga Su Propio Sistema De Calificación 62

Paso 10: Crear Un Sistema De Recompensas 63

Coma Un Buen Desayuno 64

Vaya A Algún Lugar A Donde Siempre Ha Querido Ir 65

Pruebe Un Nuevo Pasatiempo 65

Ahorre Para Algo Que Siempre Ha Querido. 66

Conclusión 68

Parte 2 71

Introducción Al Tiempo 72

Capítulo 1: 75

Las Leyes Del Tiempo Y Un Verdadero Interludio A La Vida 75

Principio 1: 77

Entender La Optimización Del Tiempo 77

Dominar Un Sistema De Optimización Del Tiempo: 82

Principio 2: Dedicar El Tiempo Libre A Algo Que Te Apasione 88

Capítulo 2: Registra El Tiempo Para Entender Cómo Valoras Tu Vida Realmente 93

¿Qué Es Lo Que De Verdad Importa En La Vida? 93

Principio 3: Vivir Una Vida Real 97

Principio 4: Las Acciones Son Resultados Directos De Las Asociaciones 97

Capítulo 3: 110

Descubrir Un Camino Verdadero En La Vida 110

Mejorar La Vida Rápidamente Aplicando Un Plan A 5 Años 110

Cómo Crear Un Plan A 5 Años 112

Capítulo 4: Aplicar Tuplan A 5años 120

Cómo Poner Tu Plan A 5 Años En Práctica: 120

Capítulo 5: 132

El Sencillo Arte De La Negociación 132

El Sencillo 132

Arte De La Negociación: 132

Hay Tres Herramientas Que Puedes Utilizar Para Dominarte A Ti Mismo. 133

Solucionar Conflictos Internos. 134

Parte 1

Introducción

La gestión del tiempo se define simplemente como la habilidad de tomar mayor control de su tiempo para poder usarlo de manera más eficiente. Por lo tanto, la meta de la gestión eficaz del tiempo es incrementar su productividad, tanto en el trabajo como en su vida personal.

Usted puede pensar que todo lo que necesita hacer es disponer de un par de horas de tiempo adicional cada día, o minimizar las distracciones para que las cosas funcionen, pero la gestión del tiempo es mucho más complicada que eso.

Si usted ha establecido metas o tareas que necesita alcanzar por sí mismo, pero le resulta enormemente difícil tratar de encontrar el tiempo suficiente para lograr estas cosas, entonces este libro electrónico es perfecto para usted

La gestión del tiempo aplica tanto a las actividades relacionadas con el trabajo como a las actividades personales, y está diseñada para utilizar una combinación única de métodos y herramientas para garantizar que usted logre las cosas a tiempo. Solo un pequeño puñado de las diferentes cosas que se cubrirán en este libro electrónico incluyen:

Cómo establecer sus prioridades correctamente.

Cómo establecer usted mismo un ambiente que sea favorable para la gestión del tiempo.

Cómo establecer plazos usted mismo y establecer incentivos para alcanzar esos plazos.

Cómo minimizar las distracciones en su vida diaria.

La verdad es que conocer las técnicas para administrar debidamente su tiempo puede ser uno de los conocimientos más valiosos que jamás haya aprendido en su vida. No solo le ayudará a lograr más en su lugar de trabajo para ser capaz de incrementar su desempeño laboral y ganar más dinero, sino que también puede ayudarle a vivir una vida más satisfactoria al aprender a minimizar las distracciones y esforzarse para lograr más cada día.

Ahora, hace un momento, mencionamos que la gestión del tiempo es más complicada que simplemente disponer de unas pocas horas extra y minimizar distracciones. Por lo tanto, para comprender en verdad lo que es la gestión del tiempo y todo lo que implica, primero debemos definirla apropiadamente antes de continuar.

Entonces, en el paso uno de nuestro proceso de diez pasos para incrementar la productividad, ahorrar tiempo y lograr más con la gestión del tiempo, vamos primero a aprender qué es exactamente la gestión de tiempo.

Paso 1: ¿Qué es la Gestión del Tiempo?

Tal y como lo mencionamos en la primera parte de nuestra introducción, la gestión del tiempo se define sencillamente como la habilidad de tomar un mayor control de su tiempo para poder usarlo de manera más eficiente.

Existen numerosos beneficios resultantes de administrar adecuadamente su tiempo, como por ejemplo:

Sentir menos estrés
Ser más productivo en el trabajo
Alcanzar y cumplir con plazos y metas
Encontrar más oportunidades tanto en su trabajo como en su vida personal.
Una mejor reputación en general

Por otro lado, también hay diversas consecuencias de no administrar apropiadamente su tiempo, tales como:

Incumplir repetidamente los plazos
Sufrir de más estrés
Una mala reputación
Encontrar menos oportunidades
Menor calidad de trabajo

Si usted simplemente se toma el tiempo

(nótese la broma) de aprender acerca de las mejores técnicas de gestión del tiempo que existen y que han probado funcionar para muchas otras personas, entonces usted será capaz de experimentar cada uno de los beneficios que enlistamos y, simultáneamente, evitar cualquiera de las consecuencias.

A pesar de que hay 24 horas en un día, para muchos de nosotros puede parecer que no es suficiente tiempo para terminar nuestros quehaceres. Sin embargo, la gente más exitosa del mundo estaría en desacuerdo con eso. ¿Cómo es posible que ciertas personas son capaces de lograr más en un período de 24 horas que otras? Todo se reduce a cómo uno administra esas 24 horas.

Esas 24 horas deben ser divididas entre muchas cosas diferentes, incluyendo trabajar, comer, dormir, hacer mandados y tiempo de inactividad, entre otras más. Aquellos que logran lo máximo diariamente simplemente son capaces de dividir ese tiempo en la manera más eficiente. Este libro, y la gestión del tiempo en general, trata sobre cómo usted también puede dividir su tiempo de la manera más eficiente.

Todos tienen diferentes horarios y, como resultado, no existe una formula universal de cómo usted debería dividir exactamente sus 24 horas para lograr un rendimiento máximo a diario, especialmente si usted está continuamente bajo mucho estrés y mucha presión.

Pero lo que usted sí puede hacer es aprender acerca de las buenas técnicas del manejo del tiempo. Y estamos aquí para decirle: desperdiciar cada segundo de su día por cada día de su vida intentando completar múltiples metas y tareas diferentes a la vez solo le resultará en lograr menos. Está prácticamente garantizado.

Con eso en mente, si pudiéramos resumir la gestión del tiempo en una única oración significativa, sería esta:

El manejo el tiempo no se trata de que usted trabaje más duro, sino de que trabaje más inteligentemente.

Suena bastante fácil, ¿verdad? Bueno, si realmente fuera tan fácil no tendría sentido que este libro existiera. Para poder trabajar de una forma más inteligente, usted tiene que discriminar con efectividad entre las tareas que requieren su atención urgente o las que podrían igualmente ser importantes, pero que no tendrán consecuencias serias si no las completa de inmediato.

Luego, enfóquese primero en sus tareas urgentes antes de trasladarse a las tareas que pueden esperar. De otro modo, se encontrará abrumado por intentar completar demasiadas cosas de una sola vez. Contrario a lo que mucha gente dice, ser multitareas no es la mejor ruta a seguir.

Antes de que continuemos hacia nuestro segundo paso, echemos un vistazo a un ejemplo de algo que requiere su atención inmediata versus algo que puede esperar. Un ejemplo de algo que debe atender inmediatamente es contestar el teléfono. Si alguien está tratando de contactarlo, usted debe levantar el teléfono y hablar con esa persona.

En contraste con esto, revisar sus correos electrónicos no requiere su atención inmediata.Sí, es importante que usted revise sus correos electrónicos para poder responder a cualquiera que esté intentando contactarlo por ese medio. Pero no requiere que usted deje de lado cualquier tarea urgente que está intentando completar para poder revisarlos. Ser multitareas, en este caso, sería hablar por el teléfono mientras se revisan los correos electrónicos. Pero esto es una mala idea, ya que usted se distraerá con sus correos y no escuchará a quién esté hablando con usted por teléfono, o viceversa.

Discriminar entre tareas importantes que requieren su atención urgente y tareas importantes que no tendrán ninguna consecuencia seria si no las atiende de inmediato. Si usted es capaz de hacer eso, estará mucho mejor preparado para los nueve pasos restantes de este libro electrónico.

Paso 2: Poner en Orden sus Prioridades

Para poder administrar correctamente su tiempo, inevitablemente tendrá que poner sus prioridades en orden.Una vez que haya determinado cuáles son sus prioridades, entonces usted será capaz de programar su tiempo alrededor de esas cosas. En este paso vamos a proveerle de cinco diferentes consejos que usted puede usar para determinar esas prioridades.

CONSEJO #1 –ESCRIBA LAS COSAS QUE SON LAS MÁS IMPORTANTES PARA USTED

Obviamente, el trabajo es algo que tendrá que escribir, ya que probablemente es la única forma en la que usted se gana la vida, pero recuerde que la gestión del tiempo también abarca muchomás que su vida en el escritorio. También abarca su vida personal, su tiempo con su familia, su tiempo utilizado en hobbies, etcétera. Por eso, en este paso solo enfóquese en las cosas que significan más para usted. Deberán ser cosas importantes, pero también cosas que no son urgentes.

CONSEJO #2 –ESCRIBA LAS COSAS URGENTES QUE USTED HACE CADA DÍA

En una nueva lista, escriba las cosas urgentes que realiza cada día. Los ejemplos pueden incluir tomar el bus para ir al trabajo, hacer y comer el desayuno y el almuerzo, recoger a los niños de la escuela y así sucesivamente. Estas son el tipo de cosas que no son necesariamente importantes para usted desde el punto de vista de cómo quiere vivir su vida, pero son necesidades urgentes a las que usted tendrá que dedicarles tiempo de su día, y usualmente siempre en un horario ajustado.

CONSEJO #3 – ESCRIBA EL EMBROLLO DE LAS COSAS QUE NO SON NI URGENTES NI IMPORTANTES

Estas son el tipo de cosas que probablemente se encuentra haciendo cada día, pero que no son ni especialmente importantes ni requieren su atención inmediata, y que usted puede despejar y eliminar. Usted notará que al eliminar este tipo de actividades, creará mucho más espacio para dedicarle a las cosas más importantes que escribió en su primera lista. Ejemplos de actividades que llenan esta lista incluyen revisar sus redes sociales y correo electrónico regularmente. (Sí debería revisar ambos, pero ninguno de los dos de manera casi constante) o actividades que pueden ser delegadas a alguien más (como su asistente o secretaria realizando llamadas telefónicas o pagando las cuentas por usted).

CONSEJO #4 –PROGRAMAR UNA SEMANA DE PRUEBA DE LA CORRECTA GESTIÓN DEL TIEMPO.

Con la información que ha ganado en lostres consejos previos, ahora tiene una lista de las cosas que son las más importantes para usted pero no son urgentes, lascosas que debe completar con urgencia, y las cosas que no son ni urgentes ni importantes. Ahora, en la mejor manera que pueda, programe una semana de prueba que cubra todas las cosas que son urgentes, reservetiempo cada día para poder trabajar en las cosas importantes pero no urgentes, y que minimice las cosas no urgentes-no importantes.

Después de que la semana haya terminado, haga las revisiones que considere apropiadas, ya sea organizando mejor las cosas, decidiendo qué actividades deben quedarse y cuales deben irse, y así sucesivamente.

CONSEJO #5 –PRACTIQUE LA PACIENCIA.

La meta principal de este capítulo como un todoes que usted obtenga una idea de cómo se verá su nueva vida diaria en comparación a cómo se ve ahora, siendo la principal diferencia que usted ahora puede organizar mejor su tiempo en torno a las cosas importantes y urgentes, y a las no importantes/no urgentes. El resultado es que las acciones de su vida diaria comenzarán a orientarse alrededor de las cosas que realmente le importan más, y le permitirán explotar su potencial en formas de las que no era capaz anteriormente.

PASO 3: ESTABLECER PLAZOS BASADOS EN SUS PRIORIDADES

Una vez que haya identificado apropiadamente sus prioridades importantes y sus prioridades urgentes a partir de los consejos del paso anterior, lo siguiente por hacer es establecer plazos que le permitirán volver realidad esas prioridades.

Si bien muchas personas reconocen con certeza el valor de establecer plazos, son muchas menos las que pueden establecer estos plazos de manera que sean alcanzables. La razón sencilla del porqué es que muchas personas cometen errores al establecer estos plazos.

Los plazos son importantes para administrar su tiempo, porque determinan enormemente qué tanto tiempo le dedica a ciertas tareas, especialmente a las tareas que son importantes pero no necesariamente urgentes.

La buena noticia es que si usted es capaz de evitar los errores de los que hablaremos en este capítulo, usted podrá establecer plazos que sean alcanzables y convertir sus prioridades en una realidad. El resultado a largo plazo de esto será, por supuesto, mayor productividad en general:

ERROR #1 – HACE SUS PLAZOS DEMASIADO DIFÍCILES

A mucha gente le gusta considerarse un superhéroe que puede lograr mucho más de lo que realmente es capaz. Es por esto que usted debe evitar a toda costa hacer sus plazos demasiado difíciles o extremos

Hay un sinnúmero de escenarios a los que puede aplicar este error, pero la mejor manera de asegurarse de que sus plazos son algo realístico y no algo extremo esproponeruna meta principal (como podría ser completar un proyecto de trabajo) y entonces, en lugar de decirse a usted mismo que va a completar ese objetivo en una cantidad específica de tiempo (1 día, 3 días, una semana, lo que sea), divida ese objetivo de manera que cada plazo no supere el 20% del objetivo completo.

Esto significa que, idealmente, usted debería tener alrededor de cinco plazos que debe cumplir antes de que alcanzar llegar su objetivo general (aunque los proyectos más grandes pueden requerir muchos más plazos).

ERROR #2 – SUS FECHAS LÍMITE SON A LARGO PLAZO EN LUGAR DE A CORTO PLAZO

Este va de la mano con nuestros errores previos. Cada fecha límite o plazo que usted establezca debe ser de dos días máximo. Un plazo de un día es mejor porque no hay nada más motivador que algo que se debe para el mismísimo día siguiente.

ERROR #3 – NO ESCRIBE SUS PLAZOS

Sus plazos jamás deben ser algo que este solo en su mente. Necesitan estar escritos físicamente en papel, preferiblemente en forma de una lista de verificación en la que pueda marcar cosas conforme las completa y con la que usted sea capaz de verse a sí mismo acercándose cada vez más a la meta general.

ERROR #4 – NO PRACTICA LA PACIENCIA

Es verdad que es difícil ser paciente cuando se establecen plazos porque usted está constantemente apresurado por cumplirlos. Pero nunca completará sus plazos a menos que este en completo control de la situación, y estar en control de la situación significa que debe practicar la paciencia. Exploraremos más el estar en control de situaciones en el Paso 6 cuando discutamos la proactividad vs. La reactividad.

ERROR #5 – NO ES CAPAZ DE PLANIFICAR LAS COSAS ANTES DE ESTABLECERPLAZOS

Nunca debe establecer plazos por puro antojo. En lugar de eso, observe cuidadosamente la situación e identifique y analice todas las opciones disponibles que se le presentan. Entonces, escoja la opción que cree es la más alcanzable y cuidadosamente planee su secuencia de plazos desde allí.

Paso 4: Crear un ambiente donde pueda administrar su tiempo sabiamente

Simple y llanamente, será imposible para usted administrar su tiempo sabiamente o enfocarse en lo que necesita hacer si está en un ambiente que no es el adecuado en lo que respecta a llevar a cabo su trabajo. Usted notará que esta afirmación es muy amplia y genérica, pero solo lo es porque no todas las personas serán capaces de manejar su tiempo al máximo en el mismo tipo de ambiente. El hecho de que un determinado tipo de entorno le permita a usted concentrarse más en su trabajo no significa que lo hará para otra persona, por ejemplo.

Entonces, este paso se trata sobre cómo usted puede crear un ambiente que le permitirá administrar su tiempo de la manera más sensata. Nuevamente, no podemos decirle exactamente qué tipo de ambiente usted necesitará, pero podemos sugerirle ciertos factores que debe tomar en consideración.

Estos factores son:

EL MOMENTO DEL DÍA

No es solo la ubicación de su ambiente la que importa. Es el momento del día en el que usted está en ese ambiente. ¿Usted trabaja mejor en la mañana y luego le gusta descansar durante la tarde? ¿O le parece que su mente es más creativa durante las noches? Solo usted puede saberlo.

Por supuesto que el momento del día en que usted este en ese ambiente puede ser determinada por las horas de su trabajo real, asumiendo que usted trabaje en una oficina. Pero si usted trabaja por cuenta propia o desde casa, le resultará más flexible escoger en qué momento del día usted enfoca más su trabajo.

PRIVADO VS. PÚBLICO

¿Es usted más eficiente en una habitación usted solo, o en una oficina o área de estudio, con múltiples personas a su alrededor? ¿O le gusta trabajar junto a otros en grupos pequeños? Si usted trabaja mejor en grupos, entonces debería preguntarle a cualquiera de sus amigos o colegas si les gustaría trabajar junto a usted, pero si usted trabaja mejor por su cuenta y solo en una habitación, entonces tener su propio espacio de oficina sería mejor.

Recuerde que si usted prefiere trabajar solo pero en un espacio público, si usted trabaja por su cuenta o trabaja desde casa, usted tiene la oportunidad de trabajar en lugar públicos como bibliotecas y cafeterías.

RUIDO

Si bien no se puede negar que muchas personas prefieren trabajar en un ambiente tranquilo y con las mínimas distracciones, no todas las personas son así. Una biblioteca es un excelente ejemplo de un lugar público donde usted puede trabajar en silencio; una cafetería también es un excelente ejemplo de un lugar público que es más bullicioso. En su oficina, ¿Le gusta trabajar con las ventanas abiertas, escuchando la vida de la ciudad afuera? ¿O prefiere trabajar alejado del mundo exterior?Una vez más, lo que sea que funcione para usted es lo que debe seguir.

El ruido tampoco se trata solo del número de personas conversando a su alrededor. También se trata de música. Algunas personas son capaces de trabajar mucho más eficientemente si están escuchandomúsica relajante que disfrutan en sus dispositivos electrónicos. Pero, de nuevo, otra gente necesita tener completo y definitivo silencio para poder completar las cosas.

POSTURA

La postura se refiere a cómo usted está físicamente cuando trabaja. La gran mayoría de personas prefieren sentarse frente a un escritorio o una mesa, con sus espaldas erguidas contra el respaldo para poder completar su trabajo. Sin embargo, otros prefieren acostarse en un sillón o ejercitarse en una caminadora mientras atienden sus tareas.

También necesita preguntarse qué tanto tiempo es capaz de estar sentado antes de necesitar levantarse y moverse un poco. Esto determinara enormemente el número de descansos que tome durante cualquier día (más sobre esto en el Paso #8).

Paso 5: Eliminar distracciones

Este paso se basa en gran medida lo que aprendimos en el Paso #4, porque el ambiente en el que usted trabaja obviamente necesita estar libre de tantas distracciones como sea posible. Sin embargo, la razón por la que hablaremos de eliminar distracciones en un paso completamente diferente es porque las distracciones no solo suceden en el ambiente de trabajo. Suceden continuamente durante el día, sin importar dónde se encuentre.

En este paso vamos a identificar diversas distracciones comunes y luego señalaremos una técnica que usted puede usar para eliminar (o al menos minimizar) cada una de ellas.

DISTRACCIÓN #1: TELEFONOS CELULARES/SMARTPHONES

Los teléfonos inteligentes o smartphones

son una de las distracciones más grandes del mundo en que vivimos actualmente, en especial con todas las últimas aplicaciones que a veces pueden ser demasiado tentadoras o adictivas para poder decirles "no".

Sí, aún necesitamos los teléfonos para comunicarnos con los demás. No obstante, siempre necesita silenciar sus teléfonos y ponerlos lejos mientras trabaja en lo que sea que necesita terminar. Cuando se tome un descanso (más de esto en la importancia de tomarse descansos cada hora en el Paso #8), usted puede revisar sus llamadas perdidas, mensajes de texto, y entonces responderlos.

DISTRACCION #2: JUEGOS DE COMPUTADORA/PROGRAMAS/INTERNET.

Aún si usted aparta sus teléfonos, igualmente puede verse tentado por cualquier juego o programa que tenga en su computadora. En este caso, solo mantenga abiertos los programas que necesita. Siempre puede clocar su computadora en modo "pantalla completa", si eso lo ayuda a detenerse de pensar en cualquier otro programa que pueda abrir.

También debería solo usar el internet si es necesario para el trabajo. Si no es necesario puede o desconectar su computadora del internet o desconectar el cable del internet si está en su casa. Esta simple acción puede ayudarle a deshacerse de muchas distracciones potenciales.

DISTRACCIÓN #3: RUIDO

Un problema con el ruido como distracción, (además de ser una distracción, por supuesto), es que puede ser algo que le resulte muy difícil de controlar. Talvez usted trabaja cerca de una ventana y tiene que escuchar el ajetreo de la vida exterior y del tráfico. O talvez usted trabaja en un ambiente dónde todos sus compañeros son naturalmente platicadores.

Si usted vive en un ambiente ruidoso dóndeno puede controlar el ruido, entonces la mejor solución es reemplazarlo con otro ruido con el que pueda trabajar mejor... dígase, música relajante que pueda escuchar con audífonos. Los audífonos por sí solos cancelarán mucho del ruido exterior, por lo que incluso si la música lo distrae, solo los audífonos podrían ser suficiente.

DISTRACCIÓN #4: DESORDEN

El desorden físico en su espacio de trabajo provee muchas oportunidades para distracción. Puede que usted se sienta tentado a limpiar su espacio de trabajo mientras trabaja, quitándole entonces el tiempo que pudo haber pasado trabajando. O talvez el desorden por sí mismo le impide a su mente pensar apropiadamente.

Todos los días antes de comenzar a trabajar, limpie su área de trabajo de todos los archivos, suministros de oficina desorganizados y cualquier otra cosa que lo distraiga. Usted debe tener un espacio de trabajo agradable y limpio.

DISTRACCIÓN #5: EL RELOJ

El hecho mismo de que este consciente del tiempo puede distraerlo. No saber la hora puede ser incluso bastante liberador. Hay relojes en todas partes a nuestro alrededor, así que siga los siguientes pasos para ocultar todo lo que diga la hora en sus alrededores (nota: Para saber cuándo tomar descansos, simplemente establezca un temporizador y luego escóndalo bajo su escritorio y tómese un descanso cuando suene):

No use un reloj de muñeca.
Puede cubrir o quitar el reloj de pared o puede colocarse de manera que no pueda verlo si no tiene el poder para hacerlo.
Esconda el reloj de su computadora.
Aleje su celular o teléfono inteligente.

Paso 6: Conocer la diferencia entre ser proactivo y reactivo

Ser proactivo se define como controlar una situación específica en cualquier momento dado, porque usted provocó que esa situación ocurra en ese momento específico.

Ser reactivo se define como responder a una situación en cualquier momento dado en lugar de controlar o crear la situación.

Si usted quiere tener control de su administración de tiempo, debe maximizar la proactividad en su vida y minimizar la reactividad.

Ahora, aquí está la verdad: No existe una persona en todo el planeta que sea cien por ciento proactiva o cien por ciento reactiva. Todos nosotros creamos o controlamos situaciones por momentos (proactivo) mientras respondemos a situaciones creadas por otros o por el mundo exterior en otros momentos (reactivo).

Sin embargo, también es verdad que algunas personas son más a menudo no proactivas mientras otras son no reactivas. Y nuevamente, para administrar su tiempo efectivamente e incrementar su productividad, usted necesita maximizar la proactividad en su vida y mantener la reactividad al mínimo.

En este paso vamos a enumerar cinco específicas situaciones que pueden causarle volverse reactivo, pero luego le hablaremos de cómo puede voltear esa situación para volverse proactivo. El resultado significa que controlará la situación y tendrá la iniciativa, y en consecuencia se volverá más productivo.

SITUACIÓN #1: SE SIENTE MOLESTO

Es muy fácil responder a una situación en lugar de controlarla si usted está molesto con alguien. Probablemente usted se alterará con esa persona o al menos le responderá con enojo, de lo cual muy probablemente se arrepentirá más tarde y dañará su relación con esa personas (Ese es el otro asunto, ser reactivo en lugar de proactivo puede hacer daño en lugar de ayudar en sus relaciones personales y profesionales).

La mejor manera de volverse una persona proactiva en lugar de una reactivaal tratar con alguien con quien está molesto es tomar un respiro y recuperar control de sí mismo. Para muchas personas, la mejor forma de hacerlo es simplemente contar lentamente hasta 10 (ej. "un Mississippi, dos Mississippi, tres Mississippi, etc.) Véalo como tomar un breve tiempo fuera.

Una vez haya recuperado el control de sí mismo, entonces será capaz de comunicarse mejor con esa persona. No estamos diciendo que no seguirá molesto, pero sí decimos que ahora que ha ganado control sobre usted mismo, ahora usted también tiene mejor control sobre esta situación específica.

¿Y Qué significa esto en cuanto a administración de tiempo y productividad? Significa que usted no será tan abrumado por emociones negativas o iracundas hacia alguien que lo distraigan de su trabajo o le quiten tiempo de sus metas o tareas importantes que tiene a la mano.

SITUACIÓN #2: SE SIENTE PRESIONADO

Esta situación ocurre más frecuentemente en el trabajo, dónde su jefe, gerente o un colega lo está presionando a que tome una decisión rápidamente. En esta situación, usted solo es naturalmente reactivo porque A, es muy probable que usted no creó esta situación en primer lugar, lo hizo su gerente o su jefe, y B, usted obviamente no tiene control sobre esta situación, ya que está reaccionando a su jefe o gerente haciéndole una pregunta.

Obviamente usted no puede evadir esta situación con simplemente decir "no". Si lo hace, no solo perjudica su reputación a los ojos de aquellos que están sobre usted, sino que también puede volverse un mal hábito de intentar evadir situaciones como esta.

En lugar de eso, tome control de la situación diciendo "Déjeme pensarlo". Esta respuesta alivia mucha dela tensión mental o emocional que esté sintiendo sin que usted evada la situación. Cuando su jefe o gerente le pregunte algo como "¿Qué tanto tiempo necesita?", dé una respuesta razonable de "cinco o diez minutos" o cualquier cosa. Entonces, use éste tiempo para evaluar detenida pero rápidamente los pros y contras de este escenario específico para poder obtener la mejor solución posible, la cual podrá luego darle a su jefe o gerente.

Esta situación proactiva vs. reactiva es importante para la administración del tiempo porque si usted responde con un "no" y entonces trata de evadir la situación, se vuelve un hábito y usted continuamente tratará de evadir más tareas a la mano y posponerlas para otra fecha más tarde.desafortunadamente, esas tareas solo volverán más tarde y estará mucho menos preparado para ellas, sin mencionar que se sentirá abrumado por esas tareas y las nuevas que tiene a mano.

SITUACIÓN 3#: SE SIENTE NERVIOSO.

Cuando nos sentimos nerviosos o intensamente ansiosos por algo, nuestra reacción común es demostrar hábitos que tenemos en esos momentos. Talvez usted golpea su pie en el suelo cuando está nervioso, o tal vez está inquieto sobre su asiento, o talvez su ritmo cardiaco se acelera.

Cualquiera que sea el caso para usted, todos estos son ejemplos de usted reaccionando en lugar de controlando.

Contrólelo tratando de ganar control sobre sus hábitos nerviosos. Por ejemplo, si su hábito nervioso es que el ritmo de su corazón se acelera con la más mínima ansiedad, tome control de ello realizando inhalaciones profundas desde su abdomen. (Si da inhalaciones profundas desde su pecho, solo acelera más su pulso).

Sentirse nervioso siempre daña nuestra productividad porque nuestra mente se vuelve preocupada con pensamientos de angustia y si estos pensamientos angustiosos continúan, puede volverse algo mucho peor: pensamientos de miedo, lo cual lleva a nuestra siguiente situación...

SITUACIÓN#4: SIENTE MIEDO.

Todas las personas sienten miedo alguna que otra vez, pero la mayoría de nosotros nos sentimos asustados por diferentes razones. Y, claro, no estamos hablando de cosas como temerle a la oscuridad. Hablamos de tener miedo de las consecuencias de lo que pueda pasar si usted hace algo mal.

Por ejemplo, talvez usted se siente nervioso por tener que dar una presentación mañana para la junta directiva de su empresa. Y entonces esos pensamientos o emociones de nerviosismo y ansiedad se vuelven pensamientos de verdadero terror cuando piensa en las repercusiones negativas que vendrán si usted no logra dar una buena presentación.

Esto solo lástima naturalmente su productividad porque si nuestros sentimientos de temor se vuelven demasiado fuertes, podemos sucumbir ante ellos y convencernos a nosotros mismos de que es inevitable que fracasemos.El fracaso es la antítesis de la productividad. Usted no puede dejar que el miedo lo controle o peor aún, no puede permitirse a usted mismo reaccionar a su miedo.

La mejor manera de sobreponerse al miedo es tomar acciones a un nivel físico. No solo se siente y piense en ello. Ejercicios simples como flexiones, sentadillas, correr o jugar algún deporte pueden ayudar a aliviar nuestros sentimientos de miedo, porque el movimiento que su cuerpo está realizando controla las emociones en las que usted piensa.También le permite incrementar su confianza.

SITUACIÓN #5: SE SIENTE CONFUNDIDO

Finalmente, otra situación que puede causarnos ser reactivos en vez de proactivos es cuando nos sentimos confundidos.

Cuando usted se siente confundido, usted naturalmente necesita buscar una aclaración. Así que la respuesta a esto es simple: No tenga miedo de pedir ayuda o buscar alguna explicación sobre algo de lo que no está seguro. El simple hecho de que usted busque ayuda de alguien que puede proveérsela demuestra que usted está tomando control de la situación y, por ende, siendo proactivo en vez de reactivo.

En resumen, la meta principal de administrar su tiempo sabiamente es llevar vidas más productivas, pero le será imposible administrar su tiempo si no tiene control sobre usted mismo, y por ende, sobre su tiempo. Para poder determinar cómo administrar su tiempo y vivir más productivamente, tiene que tener control sobre su vida, y tener control sobre su vida significa vivir proactivamente en lugar de reactivamente. Así que, con eso en mente, cuando sea que alguna de estas cinco situaciones aparezca en su vida, use nuestras sugerencias para tomar control de ellas en lugar de dejarlas a ellas controlarlo a usted.

Paso 7: Organizar su semana

Nuestras vidas son actualmente dictadas por nuestra rutina. Despertamos en la mañana, nos duchamos, desayunamos, manejamos hacia el trabajo, trabajamos, almorzamos, trabajamos durante la tarde, recogemos a los niños de la escuela, hacemos la cena, nos relajamos en la noche, vamos a la cama y al siguiente día, se repite.

Tal y como su vida es mayormente rutina en este momento, también lo será cuando usted comience a dar los pasos para administrar mejor su tiempo. La única diferencia es que su nueva rutina va a ser programada de forma que su tiempo sea dedicado a hacer más cosas importantes en su vida.

Aquí hay algunos consejos para organizar su semana:

CONSEJO #1: APARTE TIEMPO PARA AMIGOS Y FAMILIA

Solo vivimos una vez, así que queremos que nuestra vida se tan gratificante y satisfactoria como sea posible. Lo que esto significa es que usted no puede dejar que el ajetreo de la vida se apodere de usted, como probablemente está haciendo ahora. Por eso, al reorganizar su semana, incluya suficiente tiempo para utilizarlo en otras cosas que también disfrute.

Pero para poder vivir una vida verdaderamente satisfactoria, una cosa específica que usted necesita incluir es el tiempo a pasar con sus amigos y miembros de su familia. Usted puede pasar tiempo con su familia inmediata diariamente, así que asegúrese de apartar tiempo (especialmente en las noches de días de semana) para pasarlo con ellos. Cenar con su familia en la mesa es una simple, pero gratificante forma de pasar tiempo con su familia y decirles acerca de lo que sucede en el trabajo, preguntar a sus niños qué hicieron en la escuela y así sucesivamente.

En lo fines de semana, usted podrá crear tiempo para pasar con sus amigos y miembros de su familia más allá de su familia inmediata. Durante este tiempo, usted debería realizar actividades divertidas que todos disfruten, como noches de juego familiar, ir al teatro o hacer algo divertido afuera.

CONSEJO #2: CREAR UN NUEVO HORARIO CADA NOCHE DE DOMINGO.

Nuestras vidas cambian, y eso significa que nuestras semanas cambian continuamente también. Es por eso que su horario de semana jamás puede estar tallado en piedra. Necesita ser flexible para poder cumplir con lo que demandan nuestras vidas.

Por lo tanto, escriba un Nuevo horario cada noche de domingo, basado en lo que sabe que trae la semana. A veces será muy parecido, si no es que perfectamente idéntico a su horario anterior, mientras que otras veces será dramáticamente diferente.

CONSEJO #3: SIEMPRE INCLUYA LO QUE ES URGENTE EN SU HORARIO

Las tareas urgentes como asistir a reuniones, terminar tareas de la escuela, hacer los quehaceres de la casa, recoger a los niños de la escuela o ir al supermercado siempre necesitan ser incluidas en su horario para que no las olvide y sea capaz de establecer un marco de tiempo razonable para cada una.

CONSEJO #4: APARTE TIEMPO PARA LAS COSAS IMPORTANTES PERO NO URGENTES.

También necesita reservar tiempo para las cosas en su horario que son importantes pero no urgentes. Digamos que usted quiere escribir un libro porque ama escribir y disfruta del tema del libro. Es muy importante que usted escriba este libro, porque será satisfactorio para usted el hacerlo con una fuerte sensación de éxito, pero no es urgente que usted lo termine ahora o durante la siguiente semana.

Por lo tanto, reserve tiempo para escribir el libro (o cualquier otra cosa que sea importante pero no urgente para usted) cada día en su horario semanal. Incluso si solo es tan poco como 15-30 minutos al día, será mucho mejor que nada. Las cosas importantes como esta que permitirán que su rutina y la vida en general se sientan más gratificantes.

CONSEJO #5: INCLUYA TIEMPO DE DESCANSO

Su vida no debería ser cien por ciento trabajo. Necesita incluir tiempo de inactividad cada día en su horario dónde pueda simplemente relajarse y despejar su mente. Este no es el tiempo usado en trabajar en las cosas importantes pero no urgentes del Consejo #4 porque eso siempre incluye que usted técnicamente trabaje, incluso si no es en su trabajo. El tiempo de inactividad incluye cosas como leer, jugar, salir con sus amigos y familia, ver películas o TV y así sucesivamente.

Paso 8: La importancia de tomar descansos

Justo ahora, pregúntese a usted mismo cuántos descansos se toma cada día y qué tan largo es cada uno de ellos (en promedio). ¿Es usted el tipo de persona que establece grandes cantidades de tiempo para terminar el trabajo y luego intenta terminar tanto como pueda en ese tiempo, o es usted el tiempo de persona que trabaja, toma un descanso pequeño, trabaja un poco más, toma otro descanso, trabaja un poco más, otro pequeño descanso, y así sucesivamente?

Tomar descansos es importante para ser más productivo y administrar apropiadamente su tiempo. Por supuesto que usted no puede tomarse demasiados descansos al punto en que disminuya la cantidad de tiempo que tiene para realmente completar las coas, pero debería tomar varios descansos al día.

Si alguna vez usted se siente mental y

físicamente agotado al final del día, entonces es una clara indicación de que usted no está tomando suficientes descansos. Y cuando usted se está sintiendo mental y físicamente agotado en primer lugar, es ultimadamente más difícil cumplir con su trabajo.

Solo un descanso regular de 5-10 minutos puede darle suficiente descanso físico y relajación mental para ponerlo de vuelta en el ritmo de las cosas. Como regla general de oro, le recomendamos que vuelva un hábito el tomarse al menos un descanso de 5-10 minutos por cada hora de trabajo.

En última instancia, esto añadirá aproximadamente una hora (talvez un poco más) de tiempo de su día que pudo haber pasado trabajando. ¿Por qué no mejor pasar esa hora completando las cosas?

Bueno, hay múltiples razones por las cuales usted debería tomarse ese descanso de 10 minutos por cada hora de trabajo. Éstas son las más importantes:

LOS DESCANSOS AUMENTAN SU PRODUCTIVIDAD

Múltiples estudios han virtualmente confirmado que aquellos que se toman descansos pequeños por hora tendrán mejor desempeño en el trabajo que quienes no lo hacen. La razón es que si usted trabaja continuamente sin parar más que talvez para un pequeño descanso para almorzar, su mente puede adormecerse. Como resultado, el trabajo que usted está realizando se vuelve cada vez menos importante para usted. Su energía se desgasta, y usted puede comenzar a trabajar en su tarea como un robot en lugar de como una persona de verdad.

Tómese un descanso para permitirse despejar su mente y volver a la tarea con energía nueva. Es por eso que aquellos que se toman 5-10 minutos de descanso por cada hora de trabajo no solo lograrán más trabajo durante cualquier día, sino que su trabajo en sí será de una mayor calidad también.

LOS DESCANSOS LO HACEN MÁS CREATIVO.

Tomarse unbreve descanso cada hora no solo lo hará más productivo; ¡también lo hará más creativo! ¿Recuerda que acabamos de decir que trabajar continuamente puede adormecer su mente? Si sigue así, será mucho menos probable para usted obtener una nueva perspectiva de las cosas. Pero si se toma un descanso y permite a su mente refrescarse, será capaz de abordar de nuevo su tarea con una nueva perspectiva. Piense en un descanso de 5-10 minutos como una recarga para su cerebro para volver a incrementar sus niveles de creatividad.

LOS DESCANSOS SON BUENOS PARASU SALUD FÍSICA.

Como seres humanos, nuestros cuerpos no están físicamente diseñados para solo sentarnos frente a un escritorio todo el día. Necesitamos levantarnos y movernos. Nos asegura que nuestra sangre continúe circulando apropiadamente y que nuestro cerebro reciba más oxígeno. Incluso el solo levantarse y caminar por la oficina durante 5 minutos luego de cada hora de trabajo es bueno para su salud, hablando físicamente.

LOS DESCANSOS LE OFRECEN LA OPORTUNIDAD DE HACER ALGO ESTIMULANTE.

Cuando hablamos de tomarse un descanso no nos referimos solo a levantarse, estirarse y tomar otra taza de café. Nos referimos a que usted necesita hacer algo estimulante. Algo corto, pero que desafíe su mente,

Ahora, absolutamente usted debe levantarse de su silla y moverse. Eso es cierto. Pero usted aún necesita hacer más que solo tomar una nueva taza de café y volver a revisar su correo electrónico. Talvez, en lugar de eso, juegue alguna aplicación divertida y corta en su teléfono que le cause a su mente el pensar o le cause a usted tomar decisiones rápidas. O talvez puede usar ese tiempo para realizar una lluvia de ideas para otro proyecto que tiene como pasatiempo.

LOS DESCANSOS LE OFRECEN UN CAMBIO

DE ESCENARIO.

Finalmente, su escritorio y computadora jamás son exactamente el escenario más inspirador, ¿cierto? Siempre use sus descansos como una oportunidad de salir del espacio de su oficina y obtener un nuevo cambio de escenario; el cambio de escenario siempre será mejor para usted si está afuera en lugar de estancado dentro de la oficina. Salir durante solo cinco minutos será relajante tanto para su cuerpo como para su mente y lo suficiente para recargarlo o motivarlo para la siguiente hora de trabajo.

Paso 9: Revisar su progreso al final de cada día

Será imposible para usted saber si sus esfuerzos para administrar mejor su tiempo están siendo exitosos o no si usted no mide su éxito. Utilice cualquiera de estos métodos para revisar su progreso al final de cada día o de cada semana:

LOS NÚMEROS

Este es simple: usted simplemente mide su éxito por hechos, como el total de libras que perdió, el total de dólares que ahorró, el número de proyectos que completó o el incremento en ganancias que obtuvo como resultado, y así sucesivamente.

SU LISTA

Este también es simple: ¿Cuántos de los elementos de la lista están ya tachados? Por eso es importante que su lista sea un artículo tangible dónde realmente pueda tachar los elementos y ver el progreso que ha hecho. Será capaz de obtener rápidamente una idea de su lista con solo mirar lo que ha tachado en lugar de tener que calcular números de verdad.Este método es fácilmente la manera más simple de medir su éxito, aunque está lejos de ser específico (para eso son los números).

REGISTRE SU PROGRESO

No debería solo descartar su lista cuando haya terminado. Necesita dar seguimiento a esas listas, o al menos registrar su progreso de otra manera. Así, cuando sea que las cosas van lento o está teniendo dificultad al motivarse a terminar las cosas, siempre puede mirar lo que ha logrado hasta ahora y darse un impulso emocional.

HAGA SU PROPIO SISTEMA DE CALIFICACIÓN

Finalmente, ¿Que le impide hacer su propio Sistema de calificación? Algunas metas o plazos que se establece usted mismo no pueden ser medidos con números. En lugar de eso, usted simplemente debe calificarse usted mismo por el trabajo que realizó.

Un ejemplo sería si usted está trabajando en su propio proyecto (como una pieza de arte) por diversión. No puede determinar exactamente qué tan exitoso fue con números en este caso, pero puede calificar su propio trabajo en una escala de cinco o de diez.

Paso 10: Crear un sistema de recompensas

No importa qué es lo que estemos haciendo, pero cada uno de nosotros necesitará algún tipo de sistema de recompensas para mantenernos motivados. Aunque usted pueda estar emocionado con la idea de administrar mejor su tiempo para incrementar su productividad y, por ende, mantenerse motivado solo en esta idea, solo será cuestión de tiempo (es decir unas cuantas semanas lo máximo) antes de que usted necesite una motivación adicional para ayudarle a continuar.

Lo último que quiere hacer es perder el tiempo. Sin embargo, tomarse un tiempo para recompensarse por aumentar su productividad o lograr nuevos objetivos con su nuevo sistema de administración del tiempo no es una pérdida de tiempo. Es la fuerza motriz principal que lo mantendrá motivado para continuar administrando adecuadamente su tiempo.

Aquí hay algunas ideas que puede utilizar para recompensarse mientras administra su tiempo:

COMA UN BUEN DESAYUNO

El desayuno es la comida más importante del día y, sin embargo, la mayoría de las personas comen poco más que un yogur y un café en el desayuno, dentro del automóvil mientras van de camino al trabajo. Una vez que haya usado su nuevo sistema de administración del tiempo para alcanzar una nueva meta u objetivo, considere recompensarse con un buen desayuno un fin de semana. Es mejor ir un fin de semana porque tendrá más tiempo para sentarse en un buen restaurante de desayuno y disfrutar de una comida completa y deliciosa,de lo que lo tendrá si va antes de tener que ir a trabajar.

VAYA A ALGÚN LUGAR A DONDE SIEMPRE HA QUERIDO IR

Este lugar puede estar en otra zona del país, o incluso del mundo, o puede ser solo un lugar en su zona de siempre. Ya sea un museo o un acuario en su ciudad, o una vista de una cascada o montaña en un bosque nacional local, tómese el tiempo para visitar un lugar al que siempre quiso ir una vez que use su sistema de gestión del tiempo para alcanzar una nueva meta.Piense en ello como un viaje de campo.

PRUEBE UN NUEVO PASATIEMPO

Cada uno de nosotros tiene un pasatiempo potencial que queremos probar pero que nunca hemos logrado hacerlo. Los ejemplos pueden incluir tratar de aprender un nuevo instrumento musical, ir de excursión, trabajar la madera, etc. Además de eso, si encuentra un nuevo pasatiempo que le guste, podrá entonces unirse a nuevos grupos que se centran alrededor de ese pasatiempo.

AHORRE PARA ALGO QUE SIEMPRE HA QUERIDO.

Este sistema de recompensa es particularmente efectivo para muchas personas. Lo que se hace es identificar algo grande que siempre ha querido, ya sea unas vacaciones en un nuevo país, un nuevo bote, etc. Una vez que haya decidido qué es lo que quiere, entonces reserve dinero para eso cada vez que alcance una nueva meta u objetivo.

Entonces, para aplicar esto a la administración del tiempo, digamos que por cada semana que use su sistema de administración del tiempo para alcanzar una tarea grande o un proyecto importante en el trabajo, usted entonces destina aproximadamente 50 dólares a su conjunto de ahorros para esa cosa grande y divertida quiere. Le tomará muchos meses, sino un año o dos, ahorrar para lo que desea. Pero este sistema de recompensa funciona porque usted tiene algo claramente identificado que siempre ha querido y por cada nueva tarea que logre gracias a su sistema de administración del tiempo, estará acercándose más a ello.

Conclusión

Aprender a administrar adecuadamente su tiempo es la clave para lograr un mayor éxito y satisfacción en la vida. Demasiadas personas a nuestro alrededor son incapaces de alcanzar un mayor éxito o de lograr las cosas que siempre han querido simplemente porque no saben cómo administrar su tiempo adecuadamente. O bien se encuentran demasiado distraídos por cosas innecesarias y pierden tiempo de esa manera, o no programan adecuadamente su tiempo para las cosas que más importan.

Es por eso que aprender la administración adecuada del tiempo es una de las habilidades de vida más importantes que usted puede aprender y aplicar en su propia vida. En este libro hemos aprendido qué es la administración del tiempo, cómo establecer sus prioridades y plazos para cumplir con esas prioridades, y cómo crear un ambiente a su alrededor que le permita concentrarse en las cosas que necesita hacer.

También hablamos de cómo eliminar distracciones comunes que lo alejan de completarlas cosas, cómo volverse una persona más proactiva que reactiva en su vida, para tomar control de ella, cómo organizarsu semana, la importancia de tomar descansos para que su mente pueda refrescarse regularmente y cómo medir su éxito al final de cada día. Finalmente, también le dimos unas para unos cuantos sistemas diferentes que puede usar para recompensarse usted mismo cuando alcance nuevas metas y objetivos con su sistema de administración del tiempo.

Se debe tener en cuenta que la mayoría de las personas reconocen el valor de la gestión adecuada del tiempo y desean incorporarlo en sus propias vidas. El único problema es que cuando finalmente deciden hacerlo, no están dispuestos a hacer los cambios de vida necesarios para la gestión adecuada del tiempo. No están dispuestos a dejar de gastar tiempo en cosas que no son urgentes ni importantes, no son capaces de hacer un esfuerzo serio para intentar controlar las situaciones en lugar de simplemente reaccionar ante ellas, o les resulta difícil establecer plazos para las cosas que necesitan hacer, pero que no necesariamente quieren completar.

Por eso, como último consejo, usted debe reconocer que los cambios en el estilo de vida son necesarios si desea administrar adecuadamente su tiempo. Es posible que no le gusten todos esos cambios en su estilo de vida, pero recuerde que las recompensas serán lograr más cosas cada día, notar que su reputación se construye en su trabajo con sus colegas, y ser capaz de lograr cosas que antes no creía que fueran alcanzables. . No solo deberá ver sus ingresos generales incrementar, sino que tambiénse encontrará, definitivamente, sintiéndose más satisfecho personalmente.

Parte 2

INTRODUCCIÓN AL TIEMPO

La vida es un animal salvaje y, si no la domas, nunca serás capaz de llevar la vida que quieras y que te apasione, porque la realidad es que el tiempo es finito. Si no controlas el tiempo de forma consciente para cumplir tus sueños o simplemente para tener tiempo libre que pasar con tus seres queridos, te pegarás toda la vida tratando de poner al día tu agenda. Los días de suerte en los que el calendario muestra tiempo libre, los utilizas para recuperarte del agotamiento.

El día solo tiene 24 horas y esta cruda realidad nos hace sentir que nunca tenemos tiempo suficiente para dedicarlo a las cosas que realmente importan en la vida. Parece que levantarse con prisas se ha convertido en la norma. Una vez comienza el día, da la sensación de que el destino ya está marcado. Sin embargo, demasiado a menudo las actividades y urgencias arrojan tu día, tu semana y, por lo tanto, tu vida, en una espiral de caos.

Cuando llegas a casa parece que no queda tiempo para descansar y enseguida caes en los brazos de Morfeo para volver a la carrera al día siguiente.

Conciliar vida personal y carrera profesional es, sin duda, uno de los retos más difíciles de los tiempos modernos. Los empleados deben trabajar más duro que nunca antes en la historia y sus jefes, además, esperan que lo logren en menos tiempo. Esta realidad estresante ignora por completo nuestra vida personal, mucho más ocupada desde la aparición de los medios de comunicación personalizados.

Lo cierto es que, si no controlamos el tiempo, un día nos despertaremos y nos daremos cuenta de que la vida ha pasado de largo. Si no reflexionamos y nos centramos durante los momentos en los que estamos ocupados, los días, las semanas, los meses o incluso los años pasarán. En ese momento te darás cuenta de en qué has invertido tu tiempo. El objetivo de este libro es cambiarlo para el resto de tu vida.

La vida es una bendición y el mundo es un patio de recreo. ¿Por qué pasar la vida realizando tareas sin sentido cuando los seres humanos han conseguido el mejor nivel de vida de la historia? Si deseas aprovechar la coyuntura pasando más tiempo con familia y amigos, viajar, escuchar música, conocer gente nueva o ganar más dinero en menos tiempo, este libro te permitirá controlar el tiempo para que en tu vida hagas lo que realmente deseas.

Porque, al final, el mayor miedo de una persona no es la muerte, sino no haber vivido una vida plena. La película *Mr. Nobody* refleja esta idea a la perfección.

«No tengo miedo de morir. Tengo miedo de no haber vivido lo suficiente».

Capítulo 1:

Las leyes del tiempo y un verdadero interludio a la vida

Pensamos que el dinero es el origen de todo mal, sin embargo, por desgracia, el dinero solo es el resultado del recurso más perverso conocido por el ser humano.

Tiempo:

el tiempo es el origen de todo mal y, al mismo tiempo, el fundamento de cualquier bendición.

Esta «teoría» se ve respaldada por el hecho de que todas las guerras que se han librado alguna vez fueron el resultado de querer acumular todos los recursos físicos o espirituales a favor de un país.

Esto significa que constantemente a lo

largo de la historia, las guerras se han librado por dos motivos.

Supervivencia y calidad de vida.

Una verdad brutal es que la humanidad se ha olvidado del valor que tiene vivir por el latido del momento actual. Sin embargo, los valores que construyeron nuestros antepasados son los mismos que nos permiten prosperar.

Esto es porque...

En las batallas perdidas y las leyendas que cuentan los ancianos solo una cosa importaba.

....

El aspecto más importante de la vida es cómo la persona invirtió su tiempo en la tierra y cuál fue su legado en el mundo.

Hasta que descifremos el «código del tiempo en la física», esta guía nos servirá para transformar una vida frenética en una vida digna de ser vivida.

Estos son los dos verdaderos principios del tiempo:

Principio 1: el tiempo que pasas trabajando se mide en euros o dólares por hora.
Principio 2: el tiempo que pasas «jugando» se mide en satisfacción.

Principio 1:

entender la optimización del tiempo

Lo cierto es que tener más tiempo libre está directamente relacionado con realizar las actividades que de verdad amamos. Por consiguiente, la primera ley del tiempo es la **optimización**.

Optimizar el tiempo es la herramienta más básica y eficaz para gestionar una vida gratificante. Si no entendemos de verdad cómo utilizar el tiempo, tener 30 horas de tiempo libre a la semana no servirá para nada. Este libro es la hoja de ruta para tener un calendario más organizado y una mejor vida.

El primer capítulo a la hora de controlar el tiempo está dedicado a comprender el tiempo y a utilizar la primera herramienta para crear una vida disfrutada en lugar de una vida gastada. La lección principal del capítulo uno consiste en controlar el tiempo para aumentarlo y dedicarlo a lo que más te guste.

La optimización del tiempo se divide en dos leyes básicas que, cuando se aplican, amplían el tiempo y, por lo tanto, aumentan el euro o dólar por hora, reduciendo así tu jornada laboral.

1. **1ª ley de optimización del tiempo:**

Las tareas simples deben automatizarse mediante un software o actividad de repetición. Algunos ejemplos de este tipo de tareas son los trabajos físicos para los que no hace falta reflexionar. Por ejemplo, labores de documentación, registro de datos, lavar platos, limpiar la casa, etc.

La solución: céntrate, en todo momento, en terminar las tareas sencillas lo más rápido que puedas. Busca un software y externaliza estas labores a asistentes virtuales que te puedas permitir. Si hay una tarea que debas hacer obligatoriamente por ti mismo, ¡haz que esta se convierta en un juego mientras completas cada objetivo lo más rápido posible! Esto desata un poco más de pasión en flujos de trabajo sencillos mientras que, al mismo tiempo, te permite terminar las tareas sencillas con mucha rapidez en comparación con un flujo de trabajo informal.

2. 2ª ley de optimización del tiempo:

Uso del pensamiento creativo para aplicar las soluciones que permitan ahorrar tiempo en tareas dinámicas. El pensamiento creativo es el verdadero asesino de una agenda apretada. Entre las tareas que requieren pensamiento creativo están la redacción, la consolidación, la toma de decisiones y la creación de soluciones sostenibles.

Las soluciones:

Solución 1: el objetivo es seleccionar con creatividad las tareas más largas, dinámicas y complicadas y dividirlas en tareas más sencillas que puedan completarse sin pensar demasiado para, a continuación, añadirlas a la lista de tareas fáciles. Es necesario dividir las tareas y convertirlas en acciones sencillas para poder aplicar la primera ley de optimización del tiempo.

Solución 2: utiliza la ingeniería inversa para resolver los problemas con rapidez. Si entrenas tu mente de forma rápida y generas soluciones eficaces para las tareas dinámicas, harás que tu flujo de trabajo sea mucho menor. La clave para mejorar el flujo de trabajo es visualizar lo que has experimentado al completar la tarea y después rebobinar y reflexionar sobre las medidas que tomaste para completar la tarea dinámica de forma rápida y eficaz. Es posible que se tarde un poco más en dominar esta solución. Sin embargo, entrenar la mente constantemente para resolver tareas con rapidez se convertirá en tu activo más importante para luchar contra el tiempo.

Por lo tanto, el primer capítulo abarca los dos primeros principios del tiempo.
El primero trata sobre cómo terminar tareas rápido para ganar la mayor cantidad de dinero en el menor tiempo posible. El segundo se centra en cómo utilizar ese tiempo libre.

Dominar un sistema de optimización del tiempo:

El dominio de la optimización del tiempo es la piedra angular para controlar el tiempo. Esta habilidad te permitirá controlar tu tiempo para retomar las riendas de tu vida. Suele decirse que si no luchas por conseguir tus sueños, alguien te contratará para que hagas realidad los suyos.

El primer paso para cumplir tus sueños es retomar el control del tiempo y contar con un sistema de optimización rápido que te guíe durante el proceso.

El sistema que presento a continuación combina la externalización, la realización de las tareas lo más rápido posible, el desarrollo de un enfoque sólido y la eliminación de distracciones.

A pesar de que el sistema tiene enormes beneficios, resulta increíblemente sencillo, fácil de aplicar y solo consta de 5 pasos.

Cómo aplicar el 1er principio del tiempo

Paso 1: controla el tiempo que pasas en cada acción específica.

-Al identificar cuánto tiempo has dedicado a tu flujo de trabajo, podrás comprender en qué has gastado el día. Es posible que esta sea la primera vez que te paras a reflexionar sobre tus acciones y las desglosas minuto a minuto. Echar un vistazo directo a lo que haces en la vida te sitúa un paso más cerca de la hoja de ruta personal de tu vida.

Paso 2: identifica oportunidades en la agenda para conseguir tiempo.

-Este paso es simple, pero resulta genial. Identifica las oportunidades sencillas que tengas para conseguir tiempo libre dentro de tu jornada de trabajo. Planifica tus acciones y comienza a consolidar aquellas que realizas de forma más organizada.

Cuanto más tiempo te centres en un tema en una sola sesión, más rápido conseguirás terminar esa serie de acciones.

-Otra forma de identificar las oportunidades es encontrar maneras creativas de generar un flujo de trabajo más rápido. Analiza cuánto tiempo has dedicado a los descansos y a las distracciones derivadas del correo electrónico, las conversaciones con tus compañeros, etc. Una forma muy práctica de acelerar el ritmo de la jornada laboral es mediante la atención ininterrumpida. Las acciones no interrumpidas pueden multiplicar por cinco tu productividad.

Paso 3: crea soluciones para cada oportunidad.

-Haz una lluvia de ideas durante unos 15 minutos sobre cómo puedes completar objetivos diarios y semanales lo más rápido posible. El paso 2 nos da un par de consejos y trucos para crear soluciones que nos ayuden a conseguir más tiempo.

Sin embargo, tú eres el único que sabe cómo hacerlo. Recuerda que puedes subcontratar una gran cantidad de tareas simples, bloquear el acceso a tu correo electrónico y cerrar la puerta de tu oficina durante periodos de tiempo específicos. Esto te permitirá ser espectacularmente más productivo.

-Entre otras posibilidades está contratar a una persona encargada del servicio doméstico de tu hogar cada semana o, simplemente, intentar terminar de fregar los platos en tres minutos y limpiar la cocina en diez. Tanto si optas por subcontratar las tareas como si prefieres realizarlas tú mismo, es importante que identifiques el tiempo que ahorras al proponerte el reto de terminar las tareas lo más rápido posible.

Paso 4: aplica las tres oportunidades que obtienen los resultados más rápidos.

-Después de terminar la lluvia de ideas con las soluciones para conseguir más tiempo libre, escoge tres soluciones que te ofrezcan más tiempo libre de forma inmediata y ponlas en práctica. Enseguida te sentirás bien contigo mismo por haber actuado de forma consciente para tener más tiempo libre y más vida. En cuanto veas resultados a corto plazo te darás cuenta de que puedes gestionar el tiempo y ponerlo a tu disposición.

Paso 5: utiliza el tiempo libre del paso cuarto para aplicar la solución que más tiempo libre te ofrezca. Repítelo hasta que te quedes sin soluciones que aplicar a tu horario.

-Inevitablemente, el paso cuarto te ayudará a desocupar una buena cantidad de horas o minutos que probablemente nunca hayas tenido antes, lo que te resultará maravilloso. Sin embargo, los resultados realmente eficaces del sistema de optimización del tiempo se derivan del paso quinto. Los pasos anteriores te han permitido darte cuenta de las cosas a las que dedicas tu tiempo y, el paso cuarto, a conseguir una determinada cantidad de tiempo libre. El paso quinto se sirve del tiempo libre que has conseguido para obtener más incluso, y así liberar tu vida para que puedas invertir tu tiempo en aquello que más te gusta.

-Cada solución requiere cierto tiempo para aplicarla. Aprovecha el tiempo que has conseguido en el paso cuarto para encontrar una solución que encaje dentro de ese mismo tiempo libre. Utiliza la solución que te permita tener más tiempo libre una vez aplicada y vuelve a medir cuánto tiempo libre tienes a tu disposición.

-Repite este paso calculando la cantidad de tiempo libre nuevo y aplica la solución más eficaz dentro de ese marco temporal.

-Repite este sistema hasta que llegues al punto en el que ya no tengas más soluciones o que las que te quedan superen tu marco temporal.

Solamente hay una norma en el sistema de optimización del tiempo:

cuando hayas completado el paso cuarto, no excedas nunca tus horas de trabajo iniciales.

Tu objetivo es ahorrar tiempo en el trabajo, no perderlo.

Un ejemplo excelente sería el siguiente:

Imagina que tus tres primeras soluciones liberan de inmediato 1,5 horas de tiempo en tu vida. Esto significa que la solución que aplicas en el 5° paso no puede exceder de 1,5 horas. El objetivo es que no trabajes nunca más horas de las que trabajabas antes de empezar a aplicar el sistema.

Principio 2: dedicar el tiempo libre a algo que te apasione

Ahora que has liberado una gran cantidad de tiempo a través del sistema de optimización del tiempo ¡es el momento de aprovechar ese trabajo que tanto te ha costado!

Por todos es sabido que el tiempo es un regalo que no tiene precio y hoy en día, además, es uno de los recursos más escasos que tenemos.

Una idea solo puede ponerse en práctica si se graba a fuego y se cumple todo lo plasmado en el calendario para tomar el control del tiempo. Esto incluye a qué dedicas tu tiempo libre. Si no te comprometes a pasar tu tiempo libre retándote a ti mismo y haciendo las cosas que verdaderamente amas, nunca tendrás motivación para vivir una vida plena y próspera. El tiempo libre debería invertirse creando recuerdos maravillosos y experiencias gratificantes. Solo se vive una vez, así que es importante que pases el día haciendo aquello que amas.

Pasamos demasiado tiempo trabajando a lo largo de nuestra vida y el tiempo libre que tenemos es la mayor recompensa que una persona puede tener. Aunque todos debemos trabajar para ganarnos la vida, la forma en que cada uno gasta su tiempo libre depende enteramente de él o ella.

La mayor parte del proceso para controlar el tiempo consiste en desocuparlo. Sin embargo, es fundamental que pases el tiempo que liberas haciendo aquello que amas.

La vida es corta y se puede pasar de dos maneras.

1. Viviendo de forma apasionada
2. Pasando el tiempo.

Pasar el tiempo es lo que ocurre mientras trabajamos, pero puedes dedicar el resto del tiempo a vivir de forma apasionada. Al optimizar tus ganancias por hora en el trabajo estás liberando tu vida para vivir increíbles aventuras, pues consigues un aumento al tiempo que trabajas menos.

Sin embargo, el verdadero reto comienza cuando se libera tiempo. Si quieres aprender a tocar un instrumento nuevo, viajar, aprender, explorar o simplemente relajarte y ver la televisión, leer las noticias o jugar a videojuegos, la vida es un tu patio de recreo. El 2° principio del tiempo afirma que es crucial pasar el tiempo viviendo una vida que te satisfaga. Si no haces realidad tus sueños y tus pasiones en la vida, nunca sentirás que eres productivo en tu trabajo y caerás en las garras de la procrastinación durante la jornada laboral, lo que afectará directamente al 1er principio del tiempo.

CÓMO APLICAR EL 2^O PRINCIPIO DEL TIEMPO:

Pregúntate a ti mismo qué es lo que te gusta hacer. Cada semana, haz una lluvia de ideas que dure entre 15 minutos y una hora para reflexionar sobre cuáles son las mejores formas de llenar tu tiempo. Además, encuentra un ratito para imaginarte un día en el que hayas vivido sin restricciones financieras o personales. Esto liberará tu mente y te ayudará a aprender qué es lo que te da ese impulso para trabajar durante la semana. Identifica esos momentos en los que tengas un margen de tiempo libre de lunes a viernes. Por ejemplo, para ir a la bolera, hacer senderismo, salir con amigos o tocar la guitarra. Es decir, cualquier actividad que te apetezca hacer durante tu tiempo libre. Ahora, introdúcela en tu horario.

Solo hay una manera de convertir una idea en realidad.
Y es ponerla en práctica.

Capítulo 2: Registra el tiempo para entender cómo valoras tu vida realmente

¿Qué es lo que de verdad importa en la vida?

En la vida solo disponemos de una cantidad finita de tiempo y cada día podría ser el último. Recuerda que pasar la vida haciendo lo que verdaderamente amas será la única manera de mirar al pasado sin arrepentimiento cuando llegue el final. Lo cierto es que es preferible morir después de haber hecho lo que amas que morir en buena posición. Nunca sacrifiques tus cuentas y asegúrate de que su supervivencia está garantizada financieramente. Pero la verdad es que una vez que está todo dicho y hecho, solo queda la forma en que viviste tu vida.

Bronnie Ware es una escritora que trabajó años como enfermera y publicó un libro sobre las cinco cosas de las que se arrepienten las personas al morir. Entender sobre qué reflexiona una persona en su lecho de muerte puede ser una piedra angular en la vida. A continuación enumeraré las 5 cosas de las que estas personas se arrepintieron.

1. Ojalá hubiese tenido valor para enfrentarme a lo que los demás esperaban de mí, hacer lo que realmente deseaba hacer y vivir una vida plena y real para mí.

De todas las reflexiones que hacía la gente antes de morir, este arrepentimiento era el que con mayor frecuencia se repetía. A medida que el final de la vida se va acercando, reflexionan sobre la cantidad de sueños que ni siquiera intentaron y se quedaron sin cumplir. Era raro encontrarse con una persona que en su lecho de muerte hubiese cumplido la mitad de sus sueños en la vida. El factor clave de este arrepentimiento era el hecho de que eligieron no perseguir sus sueños. «La salud concede una libertad que muy pocos valoran, hasta que dejan de tenerla».

2. Ojalá no me hubiese pasado la vida trabajando.

Esta es una ocurrencia increíblemente común en los hombres. A lo largo de su vida, estuvieron ausentes durante la crianza de sus hijos y nunca experimentaron la compañía de su pareja porque el trabajo absorbía todo su tiempo. Es muy importante pagar las facturas, sí, pero a veces es más conveniente trabajar de forma más inteligente, en lugar de trabajar más horas. Si realmente tienes la intención de pasarte la vida trabajando, prepárate también para el momento en el que te des cuenta de que el tiempo se ha agotado.

3. Ojalá hubiese expresado mis sentimientos y hubiese luchado por mis derechos como individuo.

Este es otro testimonio de la importancia que tiene el tiempo. La gente sacrifica sus pasiones, amores y sueños para gozar de un entorno más tranquilo. Es importante analizar este arrepentimiento porque las personas sintieron que nunca llegaron a ser lo que realmente creían que podían llegar a ser y fueron dejando pasar la vida mientras desarrollaban una enfermedad derivada de las emociones negativas reprimidas que llevaban dentro.

4. Ojalá hubiese conservado a mis mejores amigos

Cada vez estamos más ocupados y, a veces, esto nos distancia de nuestros mejores amigos. Es fácil dejar que una vida muy ocupada se apodere de tus pensamientos e ir abandonando las amistades según van pasando los años. Lamentablemente, las personas aprecian a sus amigos mucho más de lo esperado en su lecho de muerte. Este es uno de los cinco arrepentimientos más importantes de la vida. Es importante mantener las relaciones sociales y estar en contacto con las personas que te importan, ya que la vida sin ellos nunca será tan plena como si la compartes con las personas que mejor te caen del mundo.

5. Ojalá me hubiera permitido a mí mismo vivir más feliz.

No es sorprendente que este arrepentimiento se encuentre en la lista.

Muchas personas tienden a olvidar el valor de una vida feliz y llena de amor hacia los demás. Cuando la vida llega a su fin, las personas se dan cuenta de que la felicidad en realidad es una elección. Dejamos que la rutina diaria, nuestro entorno y nuestros patrones habituales nos atrapen, y permitimos que nuestra mente y nuestra vida se descontrolen. El resultado es una vida llena de frustración y seriedad. Entre las reflexiones más preciadas de las personas que están a punto de morir se encuentran la risa y poder exteriorizar su alegría, curiosidad y el niño que llevan dentro.

Principio 3: vivir una vida real

Principio 4: las acciones son resultados directos de las asociaciones

Vivir una vida real es el activo más grande después de asegurar la supervivencia. En su lecho de muerte, las personas más longevas siguen constatando que esta afirmación es verdadera. Sin embargo, ¿cómo podemos controlar el tiempo y utilizarlo para vivir una vida con la que realmente estemos satisfechos?

La respuesta es, en realidad, mucho más sencilla que lo que esperas escuchar. El primer paso para tomar el control del tiempo es, sencillamente, ver en qué gastas tu tiempo.

Por lo tanto, los próximos tres días (si puede ser una semana), actúa con normalidad y mide el tiempo y cómo lo distribuyes en tu vida.

Es imperativo que sigas aplicando el sistema de optimización del tiempo que hemos explicado en el capítulo uno durante tus horas de trabajo mientras sigues documentando en qué inviertes el tiempo durante un día.

La parte fundamental de este ejercicio es

que seas honesto con el flujo natural de la vida. Guiar tus actuaciones de manera consciente será increíblemente ineficaz, así que asegúrate de que no piensas conscientemente qué es lo que vas a hacer después.

A continuación te explicamos cómo medir el tiempo:

Paso 1: abre el reloj de tu smartphone y busca el cronómetro. Cuando te despiertes por la mañana, abre directamente el cronómetro y controla tu día. Registra cuánto tiempo pasas en la ducha, el tiempo que tardas en lavarte los dientes, en elegir la ropa que te vas a poner ese día y en vestirte, continúa registrando el tiempo que pasas hablando con tu familia, cónyuge o compañeros de piso; incluso el tiempo que tardas en preparar y tomarte el desayuno.

Paso 2: documenta estas acciones y el tiempo que les dedicas, ya sea en una aplicación de notas como Evernote, en tu ordenador portátil, de sobremesa o en un diario. Todo es válido. Simplemente, registra todo tu día desde que te levantes hasta que te acuestes durante tres días. Si ves que estás controlado el tiempo cada 5 segundos y te sientes abrumado, registra algo menos y céntrate quizá en cuánto tardas en general en prepararte para todas las acciones que haces entre medias.

*También puedes dedicar un día a documentar los detalles y otro, a las rutinas. Lo más importante es entender en qué gastas tu tiempo, ya que saber en qué inviertes tu vida te permitirá entender qué es lo emocionalmente importante.

Paso 3: al final del tercer día o durante el cuarto, siéntate y echa un vistazo a todo lo que has hecho. Valora la alegría con la que haces cada cosa en una escala del 1 al 10. Sé sincero contigo mismo. Si ves que pasas casi todo el día entre el 1 y el 2, no te preocupes demasiado. Esta ponderación no tiene como objetivo determinar tus niveles de felicidad o tu carácter. Tan solo te permite identificar cuál es tu situación en la vida para que puedas pasar más tiempo haciendo aquello que de verdad disfrutas.

En la vida estamos muy ocupados y es fácil caer en la rutina, de modo que no te preocupes si tus resultados no son perfectos. Si has detectado que tienes un nivel de satisfacción bajo en una serie de acciones, tienes una oportunidad única para aprovechar el tiempo y tomar las riendas de tu vida.

Paso 4: haz una lista de tipos de acciones, como la limpieza del hogar, prepararte para el día, ver la televisión, conducir, etc. A continuación, haz una lista separada que agrupe las acciones que realizas con niveles de satisfacción 1-3, 4-6, 7-10.

Paso 5: utiliza una calculadora para sumar rápidamente cómo inviertes el tiempo en ambas listas. Registrar la manera en que pasas el tiempo es la herramienta más poderosa de la vida, porque nos permite obtener una vista panorámica de esta.

Paso 6: reflexiona sobre cómo pasas el tiempo para poder identificar el margen de mejora. A continuación te planteamos un par de cuestiones que te ayudarán a reflexionar. No podemos obviar un artículo de Minda Zetlin publicado por primera vez en Inc.com

1. ¿A qué le dedico demasiado tiempo?

Al registrar el tiempo que pasas viendo la televisión, comprobando tu correo electrónico o con tus seres queridos, es fundamental identificar aquellas actividades a las que crees que dedicas demasiado tiempo. En ocasiones, ser moderado con tus actividades favoritas te permitirá sentirte más satisfecho haciendo aquello que realmente adoras.

Un buen ejemplo sería ver la televisión. Es posible que cuando ves la televisión tu nivel de satisfacción alcance un 7, sin embargo, tienes tendencia a empezar nuevas películas y programas de televisión, lo que reduce la satisfacción de la experiencia global al 4 o al 5. Si reduces dos horas al día de televisión, dejas de ver unas 30 películas al mes y liberas 60 horas de tu vida. Esto parece un gran sacrificio. Sin embargo, lo cierto es que si tienes menos tiempo para ver la televisión, investigarás más sobre programas y películas para asegurarte de que sacas el máximo partido a tu experiencia cada vez que ves la televisión. También es probable que veas menos programas que reducen tu placer general en la vida, lo que es maravilloso.

Solo tú puedes identificar a qué le estás dedicando demasiado tiempo, porque cada vida es única. Por eso es tan beneficioso ser honesto contigo mismo durante este proceso. Recuerda que estás tomando el control de tu tiempo antes de que la vida te adelante y te veas a ti mismo en el lecho de muerte. Verás la vida desvanecerse si no prestas atención.

2. ¿Qué tareas y acciones te han sorprendido porque te han llevado

más tiempo de lo esperado?

Una excelente forma de tener una buena perspectiva es comprobar si estás dedicando mucho tiempo a tareas de poco valor y mínima prioridad. Esto hará que tu agenda esté notablemente ocupada y, aunque suene bonito, darlo todo para cumplir esas acciones sencillas hace que tu horario se convierta en un caos. Tal vez pases una hora adicional en redes sociales o navegando en Internet y pierdas la noción del tiempo. Cualquier cosa que observes es perfecta para anotarla y liberar tu horario en el futuro.

Esto te hace volver al sistema de optimización del tiempo al identificar maneras de pasar más tiempo en tareas con una prioridad mayor. Estos son proyectos con los que tus jefes interactúan, participan o consideran importantes. Asegúrate de que inviertes en ellos tu tiempo y energía en esos momentos en los que eres más productivo (normalmente, al principio del día o ese par de horas en las que nadie te distrae). Eliminar la longitud y la perfección de las tareas de baja calidad te permitirá desocupar más tiempo para dedicarlo a terminar acciones más gratificantes.

3. ¿Qué tareas puedo automatizar en mi horario?

Entregar las tareas nos conduce de vuelta al sistema de optimización del tiempo, pero es una herramienta de reflexión crucial mientras identificas cuáles son las oportunidades para liberar tiempo. No hay nada como poder delegar las tareas que técnicamente no tienes por qué hacer tú. Identifica las tareas sencillas del día que puede realizar otra persona y elige un asistente virtual que pueda trabajar durante 3 horas por 15 dólares o bien contrata a una persona para que limpie tu casa una vez a la semana y te libere de la limpieza en profundidad. Sea cual sea el truco, piensa lo que puedes hacer con tu presupuesto para sacar tiempo. Acabarás agradeciéndotelo a ti mismo el resto de tu vida. Otra gran manera de automatizar tu horario sería preparar toda la comida de la semana en una hora. De este modo, disfrutarás igualmente de tus desayunos, comidas y cenas, solo que el proceso de elaboración será increíblemente rápido.

4. ¿Qué es lo que más gozo nos da en la vida?

Es importante tener claro qué es lo que más nos satisface tanto en el trabajo como en nuestros momentos de ocio. Identificar y saber cuáles son tus pasiones también te permite señalar las fortalezas y habilidades con las que puedes jugar. Busca en el tablero de la vida qué es lo que más disfrutas e intenta aplicar tus pasiones y habilidades a otras tareas. Esto te permitirá prosperar en cada tarea y en cualquier condición. Incluso te permitirá identificar cuáles son las tareas de más valor y cómo pasar el tiempo libre de la mejor manera comenzando aficiones o nuevas formas de generar dinero. Independientemente de tu situación actual, identificar una pasión conduce directamente al descubrimiento de una habilidad oculta que se puede practicar durante toda la vida. Tener más control sobre cómo gastas tu tiempo afecta directamente a cómo pasas la vida.

5. ¿A qué no estoy dedicando tiempo suficiente?

Ya sea porque te has dado cuenta de que prefieres pasar tiempo haciendo tareas más gratificantes o porque has identificado una tarea o acción que te va permitir tener más tiempo libre y una semana laborable más productiva,lo cierto es que no tomar cartas en el asunto es tan importante como saber en qué estás gastando el tiempo. Es increíblemente valioso controlar la planificación de la semana y la vida. En ocasiones te darás cuenta de que no estás pasando tiempo suficiente con tu familia, mientras que en otros momentos deberás centrarte en algo personal. Si identificas lo que te falta en la vida, es importante que, sea lo que sea, lo anotes para poder hacerlo cuando vayas sacando tiempo.

Paso 7: crea soluciones para una vida más alegre.
Si el nivel de satisfacción de la vida que estás viviendo se encuentra entre 1 y 8,

busca ideas que te permitan disfrutarla más. Tomar cartas en el asunto y llevar a cabo actividadesconstantemente para aumentar tu nivel de satisfacción te permitirá tener un estado mental más feliz y saludable al mismo tiempo que eres más consciente del mundo que te rodea. Por ejemplo, darte una ducha te puede aportar un nivel de satisfacción de entre 1 y 2, pero prueba a poner un poco de música, masajear las partes tensas del cuerpo o, incluso, date un baño con sales para relajar la mente y liberar el alma. Si tocas un instrumento, valora la posibilidad de aprender tus canciones favoritas o formar un grupo musical para disfrutarlo aún más. Si te gusta leer, escribe un blog o, incluso, un diario de todos tus libros favoritos. Si te aburres, piensa en algún pequeño juego, escucha música clásica que te ayude a concentrarte en las tareas más sencillas o dale un toque para que la actividad te resulte más agradable. En cualquier caso, siempre hay una manera de aumentar el nivel de disfrute de la vida de modo que, a largo plazo, tus niveles de felicidad sean tu tesoro.

Es importante poner en práctica los 7 pasos para medir el tiempo durante una semana antes de pasar al siguiente capítulo. Si tu intención es firme y te tomas tiempo para aplicar este sistema de 7 pasos, podrás aumentar considerablemente tu calidad de vida en general, mientras sacas tiempo para dirigir tu vida hacia el mundo que sueñas. Además, al registrar el tiempo y experimentar otras formas de disfrutar de tu vida con mayor intensidad, descubrirás aptitudes sobre ti mismo que podrás aprovechar durante el último capítulo de este libro.

¡Salud!

Capítulo 3:

Descubrir un camino verdadero en la vida

Principio 5: eres el capitán de tu propia vida, así que toma el timón del barco.
Principio 6: es más fácil gobernar un imperio que gobernarse a uno mismo.

Mejorar la vida rápidamente aplicando un plan a 5 años

Los primeros dos capítulos te han permitido conocer y apoderarte del universo escurridizo al que llamamos tiempo. Llegados a este punto, habrás desocupado una enorme cantidad de tiempo y habrás mejorado tu calidad de vida de manera sorprendente. Pero lo interesante es que el esfuerzo invertido va hacer que metas la quinta.

A medida que has ido reflejando los datos y manejando tu horario, has empezado a entender a qué dedicas la vida, así como cuáles son las cosas verdaderamente importantes para ti. Has encontrado aquello que te llena de alegría y satisfacción, así como la forma de eliminar el tiempo de tu vida que no te aporta felicidad.

El siguiente paso en la toma de control del tiempo es aplicar un plan de vida de aquí a 5 años que puedas introducir en tu calendario para dirigir el timón de la nave a la que llamas vida por el vasto océano que conduce a tu destino. Puede parecer que este capítulo está un poco fuera de lugar en un curso de gestión de tiempo, pero es crucial que utilices el tiempo para hacer realidad tus sueños y pasiones. Tu plan de aquí a 5 años es como usar un mapa de constelaciones estelares mientras estás atrapado en un vasto océano sin tierra a la vista. La única manera de llegar a tus destinos soñados es asegurarte de que te dejas guiar por las constelaciones adecuadas a través del interminable océano de la vida y descartar millones de distracciones mientras tomas el rumbo hacia tus sueños.

Así que, sin más preámbulos, a continuación verás cómo crear tu plan a cinco años y cómo aplicarlo en tu vida para que puedas controlar el tiempo y crear una vida llena de sueños y no de mil y una tareas aburridas.

Cómo crear un plan a 5 años

Crear un plan a 5 años vista parece una tarea bastante desalentadora. Es posible que sientas presión cuando inicies el viaje hacia tu destino dentro de 5 años, pero la vida es preciosa tal como es. Recuerda que esta solo es una guía hacia ese destino al que hemos denominado «una vida mejor» y que puedes visualizar y recrear tu plan a 5 años todos los días, siempre y cuando no olvides añadir regularmente los ingredientes clave.

Observa el plan a 5 años que tienes de tu vida e identifica si estás en el camino para lograrlo. De lo contrario, vuelve a revisar tu plan para asegurarte de que es algo que verdaderamente amas. ¡Si es así, es una noticia maravillosa! Todo lo que tienes que hacer es

Si no tienes uno, ¡estás de suerte! Si estás en el proceso de crear un plan a 5 años o si necesitas remodelar tu plan de vida actual, acabas de iniciar un viaje increíble. Te presento una forma rápida y efectiva de configurar un plan de vida a 5 años.

Crear un plan de vida a 5 años:

La vida es difícil y, aunque nuestros objetivos principales duran años, esta se compone de días individuales que se interponen entre nosotros y nuestros sueños. Imagina despertar un día en el que todo es perfecto y no existen los límites. El objetivo es identificar cuál sería un día perfecto de tu vida. O en otras palabras, ¿cuál sería un día normal en una vida de ensueño?

Estás a punto de poner una película, pero antes de ponerla es importante que identifiques que ello no va a suponer limitaciones o consecuencias para que puedas vivir tu sueño. Recuerda que, para controlar el tiempo, debes controlar tu vida y tus sueños. Asegúrate de que tu plan de vida a 5 años es de verdad para ese período de tiempo y no representa en realidad lo que quieres conseguir al final de tu vida.

Para guiarte a visualizar tu día perfecto es importante responder una serie de preguntas sobre tu día. Frank Kern formula las preguntas más detalladas que se conocen para este proceso.

La clave está en entender que, cuanto más específico seas y más viva sea tu imaginación, más profundos serán los resultados. La primera vez que hice este proceso completé 15 páginas de información rellenando estas preguntas y añadí algunos toques personales.

Personalmente, desglosé cada actividad hora por hora tras conseguir una sensación general de cuál podía ser mi día perfecto, mientras visualizabade forma natural durante el proceso qué me hacía sentir mejor. Si se te ocurre algo durante el proceso, anota la pregunta o acción.
También te recomiendo que actúes como si estuvieras dibujando el destino del resto de tu vida. Tendrás mucho tiempo para cambiar a medida que avanzas, pero es importante sentir que tienes que vivir el día que has diseñado todos los días durante el resto de tu existencia.

¿Dónde vives?
¿Qué aspecto tiene tu casa?
¿Cuál es tu aspecto físico cuando te miras en el espejo?
¿Cuál es tu grado de felicidad?
¿Cómo de sano te sientes?
¿Cuándo te despiertas?
¿Qué es lo primero que haces?
¿Cuáles son tus primeros pensamientos y palabras del día?
¿A qué dedicas el día?
¿Cómo pasas un día sin presupuesto?
¿En qué piensas durante cada una de tus acciones?

....

¿Cuál es tu rutina diaria?
¿Cómo te preparas para el día?
¿Dónde, con quién y qué has desayunado?
Después del desayuno, ¿cómo estructuras la primera mitad del día y cómo configurarías tu horario de trabajo?
¿Con quién y qué tomas para comer a mediodía?
¿Cómo son tus amigos?
¿De qué te encanta hablar con tus amigos?
¿Cuál es el propósito en la vida por el que

te estás esforzando? ¿Lo que estás haciendo en estos momentos refleja el objetivo vital que deseas cumplir dentro de 5 años?

¿A qué te dedicas?

¿A qué hora empiezas a trabajar?

¿Cómo pasarías el tiempo en el trabajo?

....

¿Qué tipo de relaciones tienes con tu pareja y tu familia?

¿De qué hablas y por qué os queréis?

¿Qué cosas divertidas hacéis juntos y cómo llenáis vuestro tiempo juntos?

¿Qué te gusta de tu pareja y qué es lo que esta adora de ti?

¿Qué vas a cenar?

¿Qué has comido y con quién?

¿Qué conversaciones han surgido?

¿Qué haces después de comer para relajarte?

¿Cómo pasas la noche?

¿Con quién pasas la noche?

¿Dónde vas?

¿Qué haces para relajarte antes de dormir?

¿En qué piensas mientras te vas quedando

dormido?

....

Ahora que has terminado el ejercicio te habrás dado cuenta de que la vida tiene unas dimensiones mucho mayores de lo que en un principio pensaste cuando iniciaste el curso. Si la forma en la que pasas la vida durante tu día ideal es totalmente diferente a la forma en la que pasas tu día en la actualidad, no te apures. Has hecho un gran progreso hasta ahora y la verdad es que, a menos que hayas perseguido tus sueños activamente a través de la visualización de estos con anterioridad, es muy poco probable que tu día sea remotamente parecido al día perfecto. Pero no pasa nada.

Este ejercicio te ha permitido identificar realmente qué es importante para ti. Separar la vida por completo de la limitación tiene muchos beneficios de gran alcance, pero el uso más práctico que tiene crear el plan a 5 años es ayudarte a identificar lo que verdaderamente amas y lo que es realmente importante en la vida.

Otra potente aplicación de crear tu plan a 5 años es visualizar tu vida actual y el plan a 5 años para construir un puente que cruce desde tu vida actual hasta tu vida ideal e introducir estos aspectos en la visualización.

Cuando lo aplicas, verdaderamente empiezas a controlar el tiempo para dirigirlo hacia la vida que adoras. Una vez que construyes un puente desde el día ideal hasta el momento presente, el tiempo pasa de ser una bestia salvaje a una roca sobre la que dar el siguiente paso hacia tu destino.

A continuación te enseño a utilizar tu plan a 5 años en el proceso de control del tiempo:

Capítulo 4: Aplicar tu plan a 5 años

Cómo poner tu plan a 5 años en práctica:

Hay 7 pasos que tienes que seguir para aplicar tu plan a 5 años y tomar el control de tu vida.

Paso 1: identifica las diferencias entre la forma en que gastas cada aspecto de tu día en cada una de las dos.

Recuerda cómo te sientes un día perfecto.

Siente las emociones e identifica realmente a qué te gustaba dedicar el tiempo en ese magnífico día. Registra todo tu tiempo, tal como hiciste después del capítulo 2 y, de nuevo, divide tus acciones en dos grupos. El primer grupo se corresponde con los niveles de satisfacción de 1 a 3, de 2 a 6 y de 7 a 10. Este grupo incluye la forma en que pasaste tanto el tiempo libre como el de trabajo y ayuda a entender la vida de verdad.

Ahora, compara un día de tu vida con tu día ideal y experimenta la diferencia que implica controlar el tiempo.

Esta diferencia directa se llama «olvido del tiempo».

Tu olvido del tiempo es la desconexión ambiental y emocional que tienes en tu vida actual y en tu plan a cinco años.

Paso 2: identifica aquello que puedes cambiar fácilmente para mejorar tu vida al instante.

A medida que vas comparando un día en tu vida real y un día ideal, es verdaderamente importante identificar cómo salvar las diferencias entre el sueño y la realidad.

Si te gusta el cine, un ejemplo excelente puede ser crear una empresa de medios de comunicación o escribir un blog. Si te gusta la música, crea un curso para aprender a tocar tu instrumento favorito.

Si te gusta un tema, empieza a compartir información y conviértete en maestro.

Cualquier cosa sirve para reducir el olvido y es importante actuar con inmediatez por aquello que amas. Es muy típico que tu día ideal coincida con tus actividades favoritas. Si no encuentras enlaces, no pasa nada. Simplemente, elimina lo que no es importante en tu plan a 5 años. Puede sonar duro, pero lo cierto es que si eliminas lo que no se corresponde con tu plan, dejarás espacio libre para cumplir tu plan a 5 años.

Si te cuesta encontrar tiempo, imagínate cuando seas más mayor y visualízate a ti mismo en tu lecho de muerte. ¿Te arrepentirías de haber vivido la vida exactamente como la vives hoy durante el resto de tu vida? ¿Habrías deseado aprovechar este preciso momento para vivir la vida que realmente deseabas vivir o estarías contento de haber vivido durante el resto de tu vida como el día de hoy y los treinta anteriores?

Paso 3: retrocede en tu objetivo a 5 años hasta la actualidad y divídelo en acciones semanales sencillas desde el principio hasta el final. Después, haz un seguimiento del progreso. Documenta de forma minuciosa el proceso de retroceder.

Echa un vistazo a tu día ideal. Ahora imagina que estás dando vueltas en la cama reflexionando sobre el camino que va desde tu día ideal, pero comienzas con el día perfecto en tu imaginación y lo haces llegar hasta tu día actual.

La primera vez que lo hagas te sentirás abrumado, pero es un proceso importante dentro del control del tiempo. Si no construyes un puente desde tu día ideal hasta el presente, tus sueños nunca dejarán de ser eso: productos de tu imaginación.

A medida que vas navegando hacia atrás en el tiempo desde tu día ideal, asegúrate de documentar cada una de las acciones que realizaste y que se te ocurran. Ahora analiza los principales hitos que has conseguido y en cuánto tiempo los conseguiste. Esto te permitirá entender de forma increíble cómo deberás configurar tu horario en los próximos años y el camino que te llevara directamente a vivir esa vida que realmente deseas.

Paso 4: introduce tu plan de vida de aquí a 5 años en tu horario actual.

En este momento construirás el puente para cruzar el gran cañón al que llamamos vida. Sin un puente es posible que pases el resto de tu vida abriéndote paso ante la adversidad y sin saber cómo escapar de un laberinto sin salida.

Averigua qué te falta en la vida. Qué acciones no estás emprendiendo. ¿Por qué no estás utilizando tu tiempo de manera adecuada? Compara los dos horarios e identifica dónde deberías utilizar ciertos marcos de tiempo para hacer que tu vida actual sea mejor. Si pasas tiempo con la familia durante el día, refléjalo en tu horario. Tendemos a creer que nuestras vidas llevan implícitas una serie de obligaciones, pero lo cierto es que eso no es así. Tenemos una obligación con nosotros mismos y una vida humana tiene el valor que la persona le otorga.

Construye un horario hipotético con aquello que te llevará directamente a tu plan a 5 años. Recuerda que cuanto más activo seas para que tu plan a 5 años se convierta en realidad, mayor impulso tendrá tu barco cuando atravieses la infinidad de oportunidades que nos encontramos en la vida.

El objetivo es construir una horario ideal para tu semana actual y, después, para las próximas 3 semanas. A medida que vas trabajando en los cimientos de tu hogar en 5 años, irás poniendo un poco más de esfuerzo para asegurarte de que estos son sólidos. Después de poner en práctica estos sistemas, tendrás una vida bastante relajada.

Sin embargo, antes de que partas hacia tu destino deberás planificar el viaje correctamente para asegurarte de que llegas a buen puerto.

Asegúrate de que escribes un horario mensual que te dirija directamente hacia tu destino y que te permita hacer frente a tus facturas. A veces resulta imposible poner en práctica todo lo incluido en el horario ideal. Si tienes que llevar a tu hijo a entrenar o a clases extraescolares, disfruta el tiempo que pasas con él durante el viaje y aprovecha el tiempo en el que él entrena para reflexionar sobre cómo alcanzar tus sueños. Puedes documentar las experiencias dentro de tu diario, medir el progreso hacia tu vida ideal o, simplemente, pasar el tiempo haciendo lo que realmente amas y que está incluido en tu día ideal.

Paso 5: identifica los obstáculos principales que te encontrarás en tu plan

a 5 años.

Todas las personas se encuentran con obstáculos en el camino que les lleva a conseguir sus sueños. Ningún viaje es perfecto siempre, por lo que es importante entender cómo gestionar los obstáculos cuando los encuentres.

El objetivo es conectar tu día de ensueño con todo lo que eres capaz de hacer. Podrás eliminar algunas actividades de tu vida actual, pero no otras. Tú decides cómo gestionar tus sueños para poder perseguirlos cuando y donde sea adecuado.

Si aplicas tu día ideal, afectará a todos los aspectos de tu vida. Si crees quefalta algo en tus sueños, añádelo y asegúrate de que encaja en tu plan.

Con un poco de práctica es suficiente, pero trabajar cada día para alcanzar tus sueños y objetivos tendrá como resultado directo que se conviertan en realidad con el tiempo.

Recuerda que es sencillo ser constante cuando la vida transcurre sin problemas, sin embargo, los resultados reales llegan cuando las cosas se ponen difíciles. Solo depende de ti resurgir de las cenizas cuando las cosas se tuerzan en la vida y mantenerte fiel a tu vida y a lo que amas.

Paso 6: crea soluciones para asegurarse de que pones en práctica tu plan a 5 años.

A medida que avanzas por tu 1er mes de experiencia siguiendo esta nueva forma de vivir, es importante que entiendas que, a menudo, encontrarás situaciones que van a interferir directamente con tu día ideal.

La única forma de superar estas pruebas y seguir controlando tu vida es afinar la perspicacia e identificar dichas situaciones según van apareciendo. Cuando no estés haciendo algo que conduzca directamente a tu día ideal, es importante que lo documentes concienzudamente.

Debemos hacernos la siguiente pregunta:
¿Por qué se ha presentado esta situación?
¿Con qué frecuencia se presenta?
¿Cuáles son tus reacciones emocionales ante este obstáculo?
¿Qué efecto crea el obstáculo en la consecución del objetivo que te propusiste en tu plan a 5 años?

Asimismo, identifica las veces en las que dejas pasar demasiado tiempo y te sumerges en otros aspectos de tu día actual.
Debemos hacernos la siguiente pregunta:
¿Si paso más tiempo de lo programado, va a afectar a mi día de ensueño?
El tiempo que sacrifico, ¿me aporta un nivel elevado de amor, satisfacción o disfrute?
¿Necesito sacar más tiempo en mi horario para dedicarlo a esta actividad los días que tengo más tiempo? Un buen ejemplo para alcanzar la felicidad es establecer ventanas de tiempo amplias un par de veces al mes. Esto te permitirá resintonizar con la

actividad durante toda la semana.

Recuerda que se trata de eliminar a largo plazo aquellas acciones, actividades y pérdidas de tiempo que BLOQUEAN tu día perfecto. Si sabes que siempre te quedas hasta tarde en el trabajo, programa un día en el que puedas pasar 4 o 5 horas más y avanzar tus tareas para poder disfrutar de la vida el resto de la semana.

Sea lo que sea, es importante terminarlo para que tu calidad de vida se mantenga en el tiempo. Simplemente, recuerda introducir en tu día perfecto tiempo extra para el trabajo en las franjas de tiempo en las que no sacrifiques tus relaciones personales. Por ejemplo: no canceles nunca una clase de baile, una cita con tu pareja, una exhibición o un partido de tus hijos, ni el tiempo con la familia. Escoge una fecha distinta.

Cuanto mejor seas equilibrando tu día a día, más viento empujará las velas que te acercarán hacia tu destino.

Paso 7: negociar contigo mismo, tus amigos y tu familia para conseguir tu plan a 5 años.

Negociar tu plan a 5 años es la piedra angular para alcanzar tu día perfecto.

Si no te deshaces de los bloqueadores emocionales que surgen a lo largo de la transformación de tu horario, la toma de control del tiempo y la conquista de tu vida, tendrás muchas menos probabilidades de lograrlo.

Capítulo 5:

El sencillo arte de la negociación

El sencillo

arte de la negociación:

1. **Negociar contigo mismo.**

A través del tiempo, los reyes han expresado la siguiente frase:
«Es mucho más fácil controlar un reino que controlarse a uno mismo».

La negociación y el dominio de las emociones y acciones posiblemente sean los retos más desafiantes de la vida. Por eso es importante estar provisto de herramientas que guíen tu vida constantemente en la dirección adecuada durante tu viaje hacia el paraíso.

Mientras que el dominio de uno mismo puede ser un viaje vital muy largo...

Hay tres herramientas que puedes utilizar para dominarte a ti mismo.

1. Identificar el conflicto interno.

Esta herramienta se ha utilizado mucho para tomar el control del tiempo. Es probable que a estas alturas ya seas un maestro del arte de la reflexión. ¡No podría haber noticia mejor!

Después de montar tu vida ideal y construir tu puente hacia el plan a 5 años, durante el primer mes te vas a dar cuenta rápidamente de que la única persona que te lo impide eres tú mismo. Es importante documentar los momentos de procrastinación en determinados aspectos de tu día perfecto.

Cuando hayas identificado los problemas y los obstáculos, la única persona que puede superarlos y resolverlos eres tú.

El primer paso para resolver los obstáculos personales es reflexionar y descubrir por qué ocurren.

Si siguen apareciendo obstáculos dentro de tu entorno, es fácil achacarlo a factores que están fuera de tu control.

Sin embargo, lo cierto es que cuando los obstáculos siguen apareciendo en situaciones específicas, significa que ha quedado sin resolver algún conflicto interno personal.

Solucionar conflictos internos.

Una manera estupenda de resolver el conflicto interno es escribir las emociones que surgen cuando tienes obstáculos que te impiden cruzar el puente de la vida. Si te sumerges y escribes cómo te sientes con respecto a esos obstáculos, entre la arena encontrarás una pepita de oro que te ayudará a resolver el problema.

Normalmente, los obstáculos están respaldados por uno de los 6 miedos vitales que tenemos las personas, basados en las seis necesidades básicas del ser humano.

El escritor Napoleon Hill fue el primero en recoger estos miedos en su libro «Piense y hágase rico».
1. **El miedo a la pobreza**
2. **El miedo a la crítica**
3. **El miedo a la enfermedad**
4. **El miedo a perder el amor/de alguien**
5. **El miedo a la vejez**
6. **El miedo a la muerte**

Sabemos que el primer autor que mencionó las 6 necesidades humanas básicas fue Tony Robbins. Son las siguientes.

Si te preguntas por qué tu vida diaria siempre se acaba saboteando pronto entenderás que tienes un conflicto interno, bien por un miedo o por una necesidad básica más importante en la jerarquía que la necesidad 5: el crecimiento. Si te vas abriendo camino por estas emociones y vas creando una solución que proteja tu miedo o necesidades básicas, podrás dejar atrás los mayores obstáculos con los que te encuentras en el camino hacia tu plan a 5 años.

Cada vez que se presenta un obstáculo, escribir las emociones que surgen a partir de ello es un ejercicio increíblemente positivo.
Identificar el miedo o la necesidad que te impulsa y negociar con la emoción al tiempo que creas una solución que proteja las emociones más potentes en tu interior te permitirá transformar de manera drástica los grandes desafíos en los mayores éxitos de la vida.

Si después de negociar tu conflicto interno todavía aparecen problemas, la siguiente herramienta te ayudará a superar los retos más desafiantes.

3. Las leyes de asociación

La ley de asociación es innata al ser humano.

Cada acción, pensamiento y emoción que experimentes estará relacionada directamente con la forma en que asocias el momento presente con ese conflicto interno más profundo que podrías tardar años en descubrir. Lamentablemente, como personas ocupadas en un mundo que cambia en un abrir y cerrar de ojos, no nos podemos permitir el lujo de esperar con paciencia para desarraigar estas emociones profundas y luego negociar con ellas.

Mientras que la negociación es más eficaz después de la primera aplicación, la asociación es un truco perfecto para suprimir las emociones.

Esta estrategia de asociación es muy eficaz

para conseguir resultados rápidos que te permitirán mantener tu plan a 5 años vivito y coleando.

Así es cómo funciona:

1. Si siempre te topas con un problema que afecta a la alegría, felicidad y eficacia de tu horario y tu vida, averigua por qué sigues encontrándote con ese problema. El miedo y la comodidad guían a los seres humanos. Sin embargo, recordemos que las personas tienden a sentirse influenciadas dos veces más por el miedo que por el beneficio.

2. Después de entender que las emociones negativas son las que crean los obstáculos, una vez más, toca negociar.

3. A continuación, utiliza todo lo que se te ocurra para que la emoción negativa te resulte lo menos atractiva y más repulsiva posible. La forma más eficaz de hacer esto es conseguir que sientas que la emoción que te da problemas está dirigiendo tu

vida peligrosamente justo hacia aquello que la emoción negativa está tratando de evitar. Después, pinta un cuadro de basura maloliente y desagradable junto a una deposición fétida que refleje toda la negatividad de la emoción.

4. Cuando hayas terminado con la emoción negativa, reflexiona sobre lo maravillosa que es la acción que se supone que vas a hacer. Recuerda cómo te sentiste, tu plan a 5 años y dales a tus emociones positivas un poco más de chispa. Recuerda que estás intentando sabotear tus emociones negativas mediante la negociación y la exposición de estas ante ellas mismas al tiempo que intentas que la acción que intentas emprender resulte más atractiva.

5. Repite el proceso cuando proceda. Finalmente, la asociación y la perseverancia harán que tu subconsciente se ejercite y te proteja de tus miedos y necesidades básicas, mientras te permite llenar tu vida con aquellas cosas que realmente te apasionan y te gusta hacer.

Utilizar esta estrategia de negociación te puede llevar un tiempo, pero si te centras en tomar el control del tiempo, resolver tus conflictos internos te permitirá cumplir el día perfecto y crear una vida que verdaderamente ames.

Por último, es el momento de negociar tu plan a 5 años y tu nuevo calendario con tus seres queridos.

Negociar con tus seres queridos.

Comienza cualquier «negociación» con planes específicos para mejorar tus relaciones con las personas que son importantes dentro de tu día perfecto e, incluso, con aquellas que no lo son tanto.

Presentar una visión adecuada a largo plazo puede ser complicado, así que entra, siéntate y sé honesto con tus sueños y con tu nivel de frustración con tu vida actual. Toma asiento y presenta aspectos del plan que sean importantes para cada persona individual, así como la manera que has elegido para que la vida sea más maravillosa ahora utilizando una estrategia de futuro a largo plazo para tus sueños y metas en la vida.

Es importante explicarles los sacrificios que harás, cómo estás configurando tu horario y en qué medida los resultados a largo plazo les afectarán de forma positiva. Cuantas más personas consigas que se involucren y que estén presentes en tu día ideal, más probable será que tu día ideal se convierta en realidad antes de lo que esperabas.

Si bien es cierto que cualquier hombre o mujer puede ser un lobo solitario, es importante contar con el apoyo del entorno. Resulta especialmente importante cuando incluimos a los demás en un plan a largo plazo.

Con el tiempo, te darás cuenta de que algunas personas abandonan tu plan a 5 años, pero que tu día sigue siendo sencillamente perfecto.

Nunca tengas miedo de presentar tu plan en la vida. Se trata de tu destino y tu vida. Si alguna vez dudas o sientes miedo, imagínate a ti mismo envejeciendo y dándote cuenta en tu lecho de muerte de que toda tu vida ha pasado exactamente tal y como era antes de empezar a controlar el tiempo. Si te arrepientes, no desistas. Ten el coraje de luchar por tu derecho de cumplir tus propósitos y escribir tu propio destino.

Si los demás no te apoyan o intentan evitar que vivas la vida que realmente amas, es porque no desean que tengas amor ni felicidad. Es importante tener esto presente a largo plazo.

Puede que tengas obligaciones que cumplir, pero esto también forma parte de tu vida. Es tu decisión elaborar una hoja de ruta hacia el paraíso porque, si no eres constante, el tiempo se convertirá en una bestia fiera e implacable que asesinará a tus sueños, amores y pasiones.

Recuerda el motivo por el que elegiste este libro en primer lugar. Aquí es donde las cosas se ponen difíciles y no ser constante sellará tu destino para siempre. Solamente tú puedes tomar el control de tiempo y por eso este proceso es tan difícil.

Recuerda que abrirte camino hacia ti mismo y comunicarte con tus seres queridos es muy complicado. Puede que te sorprenda cuánto influyen en ti las personas a quienes llamas «amigos» y «familia».

Es lógico tener miedo a poner sobre la mesa tus sueños, todavía «frágiles», con las personas con las que disfrutas pasando el tiempo.

También es importante entender que si tienes amigos o familiares que no has incluido en tu plan a 5 años, es preferible que no les cuentes tus objetivos de inmediato.

A todo el mundo le encantara decirte cómo vivir y controlar tu vida. Cuanta más gente sepa tus intenciones, más intentarán llevar tu nave por caminos diferentes.

Si hablas sobre tus planes con personas que no están incluidas dentro de tu día perfecto, a los actuales marineros de tu vida no les gustará darse cuenta de que los vas a tirar por la borda.

¡Antes de que te des cuenta tendrás que hacer frente a una rebelión!

Una conclusión sobre el tiempo:
Este mundo está lleno de belleza y maravillas, pero solamente tú puedes guiarte a ti mismo hacia todas las cosas increíbles que el mundo ofrece. Al controlar el tiempo te das a ti mismo el poder de vivir una vida que te apasiona y de alcanzar los sueños que te mereces.

Controlar el tiempo puede ser una tarea difícil de aplicar y dominar debido a la cantidad de acciones y al tiempo que requiere manejar las técnicas.

Sin embargo, lo cierto es que si lees este libro adquirirás la habilidad de controlar el tiempo y tu vida para deshacerte de la infinita cantidad de desafíos que aparecen en tu camino a diario.

Controlar el tiempo es mucho más que simplemente desocupar tu horario. Consiste en analizar el tiempo y entender la naturaleza humana para poder llevar una vida hermosa en lugar de una con grilletes.

Cuando las cosas se pongan difíciles, y créeme que se pondrán, imagínate a ti mismo en tu lecho de muerte cuando seas anciano. Ponte verdaderamente en la situación de que vas a morir e imagínate que has llevado la vida que vivías antes de controlar el tiempo. Piensa en las cosas de las que te arrepentirías si dejas pasar la vida por delante de tus narices e imagina la vida tan increíble que habrás vivido después de haber cumplido tu plan a 5 años. Recuerda siempre ese sentimiento cuando las cosas se pongan difíciles, porque la vida te va a jugar malas pasadas cien veces antes de que alcances tu plan a 5 años. Y recuerda...

Solo tú debes disfrutar al máximo tu día perfecto.

www.ingramcontent.com/pod-product-compliance
Lightning Source LLC
Chambersburg PA
CBHW071850070526
44583CB00016B/1624